中華古籍保護計劃

ZHONG HUA GU JI BAO HU JI HUA CHENG GUO

·成果·

（北魏）酈道元　注

明鈔本水經注

第一册

國家圖書館出版社

圖書在版編目(CIP)數據

明鈔本水經注:全八册/(北魏)酈道元注.-- 北京:國家圖書館出版社,2018.6

(國學基本典籍叢刊)

ISBN 978-7-5013-6372-8

Ⅰ.①明… Ⅱ.①酈… Ⅲ.①古水道-歷史地理-中國 Ⅳ.①K928.4

中國版本圖書館CIP數據核字(2018)第050324號

書　　名　明鈔本水經注(全八册)
著　　者　(北魏)酈道元　注
責任編輯　陳瑩瑩
封面設計　徐新狀

出　　版　國家圖書館出版社(100034　北京市西城區文津街7號)
(原書目文獻出版社　北京圖書館出版社)
發　　行　010-66114536　66126153　66151313　66175620
66121706(傳真)　66126156(門市部)
E-mail　nlcpress@nlc.cn(郵購)
Website　www.nlcpress.com→投稿中心
經　　銷　新華書店
印　　裝　北京市通州興龍印刷廠
版　　次　2018年6月第1版　2018年6月第1次印刷

開　　本　880×1230(毫米)　1/32
印　　張　53

書　　號　ISBN 978-7-5013-6372-8
定　　價　160.00圓

《國學基本典籍叢刊》編委會

《國學基本典籍叢刊》前言

國家圖書館出版社（原書目文獻出版社　北京圖書館出版社）成立三十多年來，出版了大量的中國傳統文化典籍。由於這些典籍的出版往往採用叢書的方式或綫裝形式，供公共圖書館和大學圖書館典藏使用，普通讀者因價格較高、部頭較大，不易購買使用。爲弘揚優秀傳統文化，滿足廣大普通讀者的需求，現將經、史、子、集各部的常用典籍，選擇善本，分輯陸續出版單行本。每書之前均加簡要説明，必要者加編目録和索引，總名《國學基本典籍叢刊》。歡迎讀者提出寶貴意見和建議，以使這項工作逐步完善。

編委會

二〇一六年四月

序言

北魏酈道元撰寫的《水經注》，是我國古代以水道爲綱，記載區域地理信息最爲著名的典籍。它以西漢王朝的版圖爲基礎（若干地區兼及域外），對許多重要河流及其流域進行綜合性的描述，所涉及的内容包括自然地理與人文地理兩大部分。全書共有四十卷，三十餘萬字，是酈道元在爲官戎馬之暇，利用他所搜集到的各種地方文獻與他的部分實地考察所得而撰就的一部『宇宙未有之奇書』（劉獻廷《廣陽雜記》卷四）。其後雖然有明末黄宗羲《今水經》、清齊召南《水道提綱》等類似的著述出現，但其價值都無法與《水經注》相提并論。在我國古代記載河流水道的著述中，《水經注》一直是『不可無一，不容有二』（沈德潛《沈炳巽〈水經注集釋訂訛〉序》）的杰作。

《水經注》成書後的五百多年間，靠寫（鈔）本得以流傳，最早見於官方記載的是《隋書·經籍志》。在隋至北宋的一些類書（如隋代的《北堂書鈔》、唐代的《初學記》、北宋的《太平御覽》）與地理總志（如唐代的《元和郡縣圖志》、北宋的《太平寰宇記》）中，可以見到《水經注》被徵引的文字。至北宋景祐年間（一〇三四—一〇三八），原本四十卷的《水經注》散佚，僅存三十五卷（後復析分爲四十卷）。

在雕版印刷出現之後，《水經注》也有刊刻本流行。迄今已知最早的刻本，是北宋中期的成都府學宫刊本。而現存最早的刻本，則是人們習稱的『殘宋本』（今藏中國國家圖書館），大約刊於南宋初期，僅存十一卷半（没有一葉是完整的），字數尚不及全書的三分之一。

降至明代，在《水經注》版本流傳方面形成了兩大系統：古本系統與今本系統。所謂古本，即刊刻、鈔寫時以保留宋本（或影宋本）原貌爲準則，即使底本有明顯訛誤，亦不作改動，尚不涉及校勘研究的版本。除前述『殘宋本』外，明代官鈔《永樂大典》本《水經注》及諸明代民間鈔本《水經注》即屬古本系統。所謂今本，即已經對底本進行研究、校改的版本。自明代最早的刊刻本《水經注》黄省曾刊本以降的諸明、清刻本，皆屬今本系統。現在我們一般讀到的通行本《水經注》，也都可歸入今本系統之中。

此次刊印的這部明鈔本《水經注》，是現存於世的五部卷帙完整的明代民間鈔本之一（今天津圖書館尚藏有一部明練湖書院鈔本的殘本），屬古本系統之列。因爲曾是清代著名藏書家常熟陳揆（字子準）舊藏，故簡稱爲陳藏明鈔本。其餘四部爲：常熟瞿鏞舊藏明鈔本（瞿藏明鈔本）、松江韓應陛舊藏明鈔本（韓藏明鈔本）、歸安陸心源舊藏馮舒（字己蒼）所校明鈔本（馮校明鈔本）及海鹽朱希祖舊藏明鈔本（朱藏明鈔本）。這五部明鈔本，除馮校明鈔本現藏日本静嘉堂文庫外，其餘四部皆藏於中國國家圖書館。

與另外四部明鈔本不同，學界對陳藏明鈔本的流傳收藏情況瞭解的極爲有限。胡適先生晚年曾治《水經注》二十餘年，所閲《水經注》各種版本可謂無數，并撰寫了百餘萬字《水經注》方面的研究著述，其中對明鈔本的問題也多有論及，但令人驚奇的是，他對陳藏明鈔本竟未著一字，想見他生前應該是不知有此鈔本的。僅此一例，即可窺陳藏明鈔本的鮮爲人知。不過，倘若仔細察看這部明鈔本上保留的藏書印章與校語，并結合歷史上相關學者校讀《水經注》的情況，不僅可以大體勾勒出陳藏明鈔本的流傳軌迹，而且還意外地發現，這實際上是一個過去大家都以爲亡佚的《水經注》版本，進而重新認識這部陳藏明鈔本的面目與其本身具有的價值。

在陳藏明鈔本上，除了陳揆的『稽瑞樓』藏書章外，還可以看到『何壽仁印』『吴郡沈文』『辨之印』『文端公遺書』『翁同龢印』『翁斌孫印』等收藏印章。由這些印章在書中的所鈐位置，可以先大致梳理出這一明鈔本的流傳與收藏綫索：在明代先由何壽仁（其人未詳，行迹待考）收藏，嘉靖年間歸吴縣藏書家沈與文（字辨之）。清代嘉慶年間爲陳揆家藏；陳氏歿後，應當爲同鄉好友翁心存購得（潘祖蔭《陳揆〈稽瑞樓書目〉序》中曾提及翁心存曾在陳氏身後得其部分藏書），再經翁同龢（心存之子）、翁斌孫（同龢兄同書之孫）之手，最終在二十世紀五十年代，由翁之熹（斌孫之子）捐贈給當時的北京圖書館。此外，還需要特别注意的是這部鈔本書尾的一則袁廷壽跋語。

由這則跋語所透出的信息，可以使上述大致復原的流傳與收藏綫索在沈與文與陳揆之間再補上重要的一環。

袁廷壽（又名廷檮，字又愷，又字壽階，號五硯樓主人），清吳縣（今屬江蘇）人，與黄丕烈（字紹武，號蕘圃、蕘夫，又號復翁）、周錫瓚（字仲漣，號香巖，又號漪塘，别號香巖居士）、顧之逵（字抱沖）并稱乾嘉間吳中『藏書四友』。在陳藏明鈔本書尾，袁氏跋曰：『嘉慶乙丑九月借校，因正錯簡脱失。廷壽。』并鈐『袁又愷借校過』章，可見此則跋語字迹當爲袁氏親筆而非過録無疑。而同在乙丑九月，袁氏從顧廣圻（字千里，號澗薲）處獲得一部孫潛（字潛夫）校本《水經注箋》（今僅存十六卷，藏於中國國家圖書館），然後又借得顧之逵小讀書堆所藏影宋鈔本《水經注》，不僅將其中的文字有异處過録到孫潛校本之上，而且还將這部影宋鈔本的書尾跋語依式手摹下來（傅增湘《藏園群書經眼録》卷五《史部三》『《水經注箋》四十卷』條）。而此跋語，之前僅見於錢曾《讀書敏求記》一書之中，且文字多有脱漏，加之顧之逵所藏的影宋鈔本《水經注》此後下落不明，因而包括胡適先生在内的學者對袁廷壽手摹的那則影宋鈔本的跋語愈發看重，并以爲是僅存於世的能反映宋刊《水經注》原跋語的完整過録。

然而，在此次影印的這部陳藏明鈔本中，令人驚喜地發現，恰恰在書尾處有與袁氏手摹相同行款與文字的那則跋語。非但如此，細察袁氏在孫潛校本上所注明的版本行款信息與錯簡脱漏以及過録的异文等等，無不與這部明鈔本一一契合。凡此數端并結合前述，足可印證這部陳藏明鈔本即是大家皆以爲久已亡佚的顧之逵所藏影宋鈔本《水經注》。顧之逵为顧廣圻從兄，他的這部明鈔本，除袁氏提及并録异文外，黄丕烈在錢曾《讀書敏求記》之《水經注》條目下也曾記録過，并且用來校訂錢曾所録陸孟鳧所藏《水經注》的跋語，所補文字與袁氏録文同（參見管庭芬、章鈺《讀書敏求記校證》卷二之下『酈道元注水經四十卷』條所引）。此後，顧之逵收藏的這部影宋明鈔本《水經注》便無人再提。現在看來，顧氏歿後，這部明鈔本可能即歸入陳揆稽瑞樓。迄今爲止，之所以鮮有學者將陳藏明鈔本與袁校所用顧氏影宋鈔本聯繫起來，可能一則此書深藏陳氏、翁氏家中，得見者少；二則此書之上并未鈐有顧氏的任何藏書印章，如果衹是做一般的整理著録，自然難以發現二者之間的内在關係并定爲一書。

在揭櫫了陳藏明鈔本的真正身世之後，再來看看這部影宋鈔本的自身版本情况。

陳藏明鈔本共十二册，半葉十一行，行二十字（間或二十一字），無格。經文頂頭，注低一字。書前有酈道元序文之半，所闕之字（當爲半葉二百二十字）起止、行款皆同瞿藏明鈔本。每卷首題『桑欽撰，酈道元注』。從陳藏明鈔本的的行款與文字内容上來看，當爲宋刊本的影鈔本。又，書中有些篇目中的『桓』字有缺末筆避諱的現象，推測此鈔本的祖本當是南宋翻元祐二年（一〇八七）的一部刻本。

綜合來看，陳藏明鈔本主要有以下的研究價值。其一，可補『殘宋本』之缺。由於『殘宋本』殘缺太甚，無法充分利用。而陳藏明鈔本不僅在行款上與『殘宋本』相同，甚至每葉每行的字數也都與『殘宋本』一致（偶會出現每行相差一字）。倘以陳藏明鈔本做底本，并結合其他古本系統的《水經注》版本，來補『殘宋本』殘缺的每葉每行的文字，最終應可大致恢復南宋刊本《水經注》的面貌。其二，書尾保留的宋刊《水經注》跋語，彌足珍貴。這則跋語即是北宋元祐二年成都官刻本的後記與題名的全文轉録，從中可以對《水經注》元祐初刻本前後的歷史有更加清晰的瞭解，後來的《水經注》刊本皆出自元祐二年的成都府官刻本應無疑義。其三，可以明瞭明刊《水經注》存在的錯簡緣由。陳藏明鈔本在文字上與明代第一部刊本《水經注》黄省曾本頗多相同，所存在的錯簡也頗爲一致，因此推斷出黄本所用的底本與陳藏明鈔本爲同一祖本。在卷一《河水一》中，黄本有一處錯簡與陳藏明鈔本相同，而從陳藏明鈔本可以清楚地看到，這處錯簡的文字爲完整的前後兩葉。换言之，這處錯簡應是在鈔完裝訂成册時，將這兩葉前後錯排誤裝所致。從現存明鈔本《水經注》每葉皆無葉碼標注的特點來看，這種情况極易發生。

當然，作爲《水經注》的古本之一，陳藏明鈔本也不可避免地存在一些缺憾，除上面提及的錯簡問題外，還存在文字脱漏（如卷十八《渭水中》酈注『長安人劉終於崩』下，脱『所得白玉方一尺』至『余謂崔駰皇覽』四百多字的一整葉）、訛誤（如卷十七《渭水一》酈注『又東與大弁州水出西山二源合注東歷大弁川』中，『大弁州水』當爲『大弁川水』之訛）等方面的問題。這是在利用這部明鈔本進行《水經注》文本研究時需要特别注意的。

最後，再對陳藏明鈔本目前的著録信息略贅數語。在《北京圖書館古籍善本書目》第二册《史部》中，陳藏明鈔本著録爲：『何焯、顧廣圻校，袁廷檮校并跋。』其中的『袁廷檮校并跋』自然没有异義。但『何焯、顧廣圻校』的表述，則恐怕不够準確。遍覽陳藏明鈔本，可以看到衹是大致有三種批校正文的筆迹，且從批校内容上看，校者應是以明朱謀㙔《水經注箋》的文字來進行比對的，并不能直接證實乃何、顧二人所爲。目前已知的何焯校本《水經注》真迹（今藏臺灣『國家圖書館』），是批校在一部《水經注箋》上的。以其中的文字與陳藏明鈔本的校語對比，不難發現内容、筆迹皆不相同。整理者之所以認爲陳藏明鈔本中有何焯校語，可能與其中卷二《河水二》有『「津逮」歸太僕家鈔本、趙清常校本皆作「津達」』一句批校有關。然相似的校語，何氏在《水經注箋》上的親筆則爲：『「逮」歸太僕家鈔本、趙清常校本皆作「造」。』（趙一清《水經注釋》中引何氏此句相同）二者表述的文字有异。非但如此，其實何氏的親筆校語是有誤的，所校的文字實際上應是陳藏明鈔本校語中的表述『津達』而不是『津造』。由此似可推斷如果何氏此處不是筆誤，即很可能是并未親見過屬於古本系統的歸太僕（即歸有光）家鈔本與趙清常（即趙琦美）校本的《水經注》。换言之，何氏此處很可能亦是過録的他人版本中的校語。至於『顧廣圻校』的著録，則應與陳藏明鈔本卷十八《渭水二》中的一句校語『中脱一葉』下小字署『千里』二字有關。『千里』此處指『顧廣圻』自然無誤，但從此四字校語的筆迹來看，并不像顧氏的親筆。況且倘若此處是顧氏的親校，也無需綴上『千里』二字。相反，這種校語下署名的情況，恰爲清人過録他人校語的通例。據上分析，即使陳藏明鈔本中的一些校語内容可視爲與何、顧二人有關的話，也祇能是他人的過録，而不應斷爲二人的親筆。

要之，陳藏明鈔本是一部十分珍貴的《水經注》版本，國家圖書館出版社此次將其列入《國學基本典籍叢刊》影印出版，確是嘉惠學林之舉，相信對《水經注》的研究一定會大有裨益。

李曉傑

二〇一八年三月十日於復旦大學

總目録

第一册

第二册

第三册

第四册

第五册

第六册

第七册

第八册

第一册目録

據國家圖書館藏明鈔本影印原
書高二十八點九厘米寬十九點
七厘米

水經注 影宋旧抄 十二冊
捌 水經注 影宋舊抄 壽
水經注 十二冊 影宋舊鈔

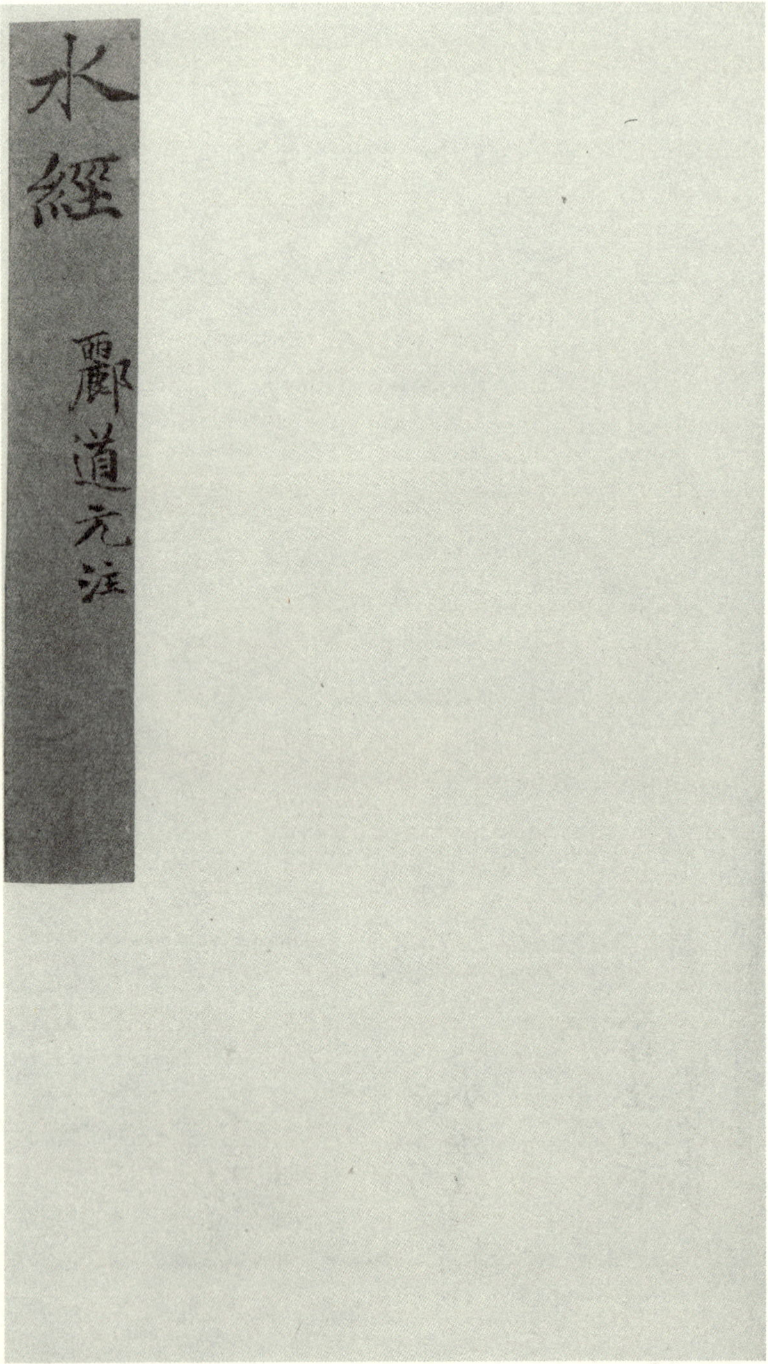
水經
酈道元注

水經注叙

酈道元注

易稱天以一生水故氣微於北方而爲物之先也玄中記曰天下之多者水也浮天載地高下無不至萬物無不潤及其氣流屆石精薄膚寸不崇朝而澤合靈寓者神莫與並矣是以達者不能測其淵冲而盡其鴻深也昔大禹記著山海周而不備地理誌其所籙簡而不周尚書本紀與職方俱略都賦所述裁不宣意水經雖粗綴津緒又闕傍通所謂各言其志而罕能備其宣導者矣今尋圖訪賾者極聆川域之説涉土遊方者寡能達其津照縱髣髴前聞不能不猶

洄湍決澓音伏纆絡枝煩條貫手夥十二經通尚或難
言輕流細漾固難辯究正可自獻逕見之心備陳舉
徒之說其所不知蓋闕如也所以撰證三經附其枝
要者庶備忘悞之矜求其尋省之易

水經目錄

淮水

第三十一卷

滍水　淯水

濦水　㶏水

瀙水　潕水

溳水

第三十二卷

漻水　蘄水

決水　沘水

泄水　肥水

施水　沮水

溱水

第三十九卷

匯水　深水

鍾水　耒水

洣水　漉水

瀏水　溳水

贑水　廬水

第四十卷

漸江水　斤江水

水經目録卷終

水經卷第一

桑欽撰　酈道元注

河水一

崑崙墟在西北

三成為崑崙丘崑崙說曰崑崙之山三級下曰樊
桐一名板松二曰玄圃一名閬風上曰層城一名
天庭是謂太帝之居

去嵩高五萬里地之中也

禹本紀與此同高誘稱河出崑山伏流地中萬三
千里禹導而通之出積石山按山海經自崑崙至
積石一千七百四十里自積石出隴西郡至洛準

地志可五千餘里又按穆天子傳天子自崑山入于宗周萬里西土之數自宗周瀍水以西北至于河宗之邦陽紆之山三千有四百里自陽紆西至河首四千里合七千四百里外國圖又云從大晉國正西七萬里得崑崙之墟諸仙居之數說不同道阻且長運記綿褫水陸路殊徑復不同淺見未聞非所詳究不能不聊述聞見以誌差違也

其高萬一千里

山海經稱方八百里高萬仞郭景純以為自上二千五百餘里淮南子稱高萬一千一百里一十四步二尺六寸

河水

春秋說題辭曰河之爲言荷也荷精分布懐陰引度也釋名曰河下也隨地下處而通流也考異郵曰河者水之氣四瀆之精也所以流化元命苞曰五行始焉萬物之所由生元氣之腠液也管子曰水者地之血氣筋脉之通流者故曰水其具財也而水最爲大水有大小有遠近水出山而流入海者命曰經水引佗水入於大水及海者命曰枝水出於地溝流於大水及於海者又命曰川水也莊子曰秋水時至百川灌河經流之大孝經援神契曰河者水之伯上應天漢新論曰四瀆之源河最

高而長從高注下水流激浚故其流急徐幹齊都
峻
賦曰川瀆則洪河洋洋發源崑崙九流分逝北朝
滄淵驚波沛厲望沫揚奔風俗通曰江淮河濟爲
四瀆瀆通也所以通中國垢濁白虎通曰其德著
大故稱瀆釋名四瀆獨也出其所而入海

出其東北陬

山海經曰崑崙墟在西北河水出其東北隅爾雅
曰色白所渠并千七百一川色黃物理論曰河色
黃者衆川之流蓋濁之也百里一小曲千里一曲
一直矣漢大司馬張仲議曰河水濁清澄一石水
六斗泥而民競引河溉田令河不通利至三月桃

大司馬下當有史字

花水至則河決以其噎不洩也禁民勿復引河是黄河兼濁河之名矣述征記曰盟津河津恒濁方江為狹比淮濟為闊寒則冰厚數丈冰始合車馬不敢過要須狐行云此物善聽冰下無水乃過人見狐行方渡余按風俗通云里語稱狐欲渡河無如尾何且狐性多疑故俗有狐疑之說亦未必一如緣生之言也

屈從其東南流入于渤海

山海經曰南即從極之淵也一曰中極之淵深三百仞唯馮夷都焉括地圖曰馮夷恒乘雲車駕二龍河水又出於陽紆陵門之山而注於馮逸之山

穆天子傳曰天子西征至陽紆之山河伯馮夷之所居地也是惟河宗氏天子乃沈珪璧禮焉河伯乃與天子披圖視典以觀天子之寶器玉果璿珠燭銀金膏等物皆河圖所載河伯以禮穆王視圖方乃導以西邁矣粵在伏羲受龍馬圖於河八卦是也故命歷序曰河圖帝王之階圖載江河小川州界之分野後堯壇於河受龍圖作握河記逮虞舜夏商咸亦受焉李尤盟津銘洋洋河水朝宗于海經自中州龍圖所在淮南子曰昔禹治洪水具禱陽紆蓋於此也高誘以為陽紆秦藪非也釋氏西域志曰阿耨達太山其上有大淵水宮殿樓觀

甚大焉山即崑崙山也穆天子傳曰天子升崑崙
封隆之葬封隆雷公也雷電龍即阿耨達宮也其
山出六大水山西有大水名新頭河郭義恭廣志
曰甘水也在西域之東名曰新陶水山在天竺國
西水甘故曰甘水有石鹽白如水精大段則破而
用之康泰曰安息月支天竺至加那調御皆仰此
鹽釋法顯曰度葱嶺已入北天竺境於此順嶺西
南行十五日其道艱阻崖險岸絶其山唯石壁立
千仞臨之目眩欲進則投足無所下有水名新頭
河昔人有鑿石通路施倚梯者凡渡七百梯已躡
懸絙過河河兩岸相去咸八十步九驛所絶漢之

張騫甘英皆不至也余診諸史傳即所謂罽賓之境有盤石之嶝道狹尺餘行者騎步相持絙橋相引二十許里方到懸度阻險危害不可勝言郭義恭曰烏秅之西有懸渡之國山谿不通引繩而渡故國得其名也其人山居佃于石壁間累石爲室民接手而飲所謂猨飲也有白羊小步馬有驢無牛是其懸渡乎釋法顯又言渡河便到烏長國烏長國即是北天竺佛所到國也佛遺跡於此其跡（一作遺足跡）長短在人心念至今猶爾及曬衣石尚在新頭河又西南流屈而東南流逕中天竺國兩岸平地有國名毗荼佛法興盛有（又）逕滿那般河邊左右有二

十僧伽藍此水逕流逕歷頭羅國而下合新頭河
自河已西天竺諸國自是以南皆爲中國人民殷
富中國者服食與中國同故名之爲國也泥洹已
來聖衆所行威儀法則相承不絶自新頭河至南
天竺國迄于南海四萬里也釋氏西域記曰新頭
河經罽賓揵越摩河剌諸國而入南海是也阿耨
達山西南有水名遥奴山西南小東有水名薩罕
小東有水名恒伽此三水同出一山俱入恒水康
泰扶南傳曰恒水之源乃極西北出崑崙山中有
五大源諸水分流皆由此五大源枝扈黎大江出
山西北流東南注大海枝扈黎即恒水也故釋氏

西域志有恒曲之目恒北有四國最西頭恒曲中
者是也有拘夷那褐國法顯傳曰恒水東南流逕
拘夷那褐國南城北雙林間有希連禪河邊世尊
於此北首般泥涅分舍利處支僧載外國事曰佛
泥涅後天人以新白緤裹佛以香花供養滿七日
盛以金棺送出王宮渡一小水水名醯蘭那去王
宮可三里許在宮北以旃术為薪天人各以火燒
薪薪了不燃大迦葉從流沙還不勝悲號感動天
地從是之後佗薪不燒而自燃也王斂舍利用金
作斗量得八斛四斗諸國王天龍神王各得少許
齎還本國以造佛寺阿育王起浮屠於佛泥涅處

雙樹及塔今無復有也此樹名娑羅樹其樹華名
娑羅法也此華色白如霜雪香無比也竺芝（枝）扶南
記曰林楊國去金陳國步道二千里車馬行無水
道舉國事佛有一道人命過燒葬燒之數千束樵
故坐火中乃更著石室中從來六十餘年尸如故
不朽竺枝自見之夫金剛常住是明永存舍利利
見畢天不朽所謂智空罔窮大覺難測者矣其水
亂流於恒恒水又東逕毗舍利城北釋氏西域志
曰毗舍利維邪離國也支僧載外國事曰維邪離
國去王舍城五千由旬城周圓三由旬維詰家在
大城裏宮之南去宮七里許屋宇壞盡惟見處所

爾釋法顯云城北有大林重閤佛在於此本菴婆羅女家施佛起塔也城之西北三里塔名放弓仗恒水下流有一國王國王小夫人生肉胎大夫人妬之言汝之生不祥之徵即盛以木函擲恒水中下流有國遊觀見水上木函開看見十小兒端正殊好王取養之遂長大甚勇健所往征伐無不推服次欲伐父王本國王大憂愁小夫人問何故憂愁王曰彼國王有十子勇健無比欲來伐吾國是以愁爾小夫人言勿愁但於城西作高樓賊來時上我置樓上則我能郤之王如是言賊到小夫人於樓上語賊云汝是我子何故反作逆事賊曰汝

是何人云是我母小夫人曰汝等若不信者盡張
口仰向小夫人即兩手將乳乳作五百道俱墮千
子口中賊知是母即放弓伏父母作是思惟皆得（父母一作二父王）
辟支佛令一一塔猶在後（世）尊成道告諸弟子是吾（二一作二）
昔時放弓伏處後人得知於此處立塔故以名焉
言千小兒者即賢劫千佛也釋氏西域志曰恒曲
中次東有申迦扇奈揭城也佛下三寶階國也法
顯傳曰恒水東南流逕僧迦施國南佛自忉利天
東下三道寶階為母說法處寶階既沒阿育王於
寶階處作塔後作石柱柱上作師子像外道少信
師子為吼怖效心誠恒水又東逕罽賓繞夷城南

南接恒水城之西北六七里恒水北岸佛爲諸子
説法處恒水又東南逕祇國北出涉祇城南門道
東佛嚼楊刺土中生長七尺不增不減今猶尚在
恒水又東南逕迦維羅衛城北故曰淨王宮也城
東五十里有王國國有池水夫人入池洗浴出北
岸二十步東向舉手扳樹生太子太子隨地行七步二
龍吐水浴太子遂成井池衆僧所汲養也太子與
難陀等撲象角力射箭入地今有泉水行旅所資
飲也釋氏西域北三里恒水上父王迎佛處作浮
圖作佛抱佛像外國事曰迦維羅越國今無復主
也城池荒穢惟有空處有優婆塞姓釋可二十餘家

是昔淨王之苗裔故為四姓住在故城中為優婆
塞故尚精進猶有古風彼日浮圖壞盡條王彌更
脩治一浮圖私訶條王迸物助成今有十二道人
住中太子始生時妙后所扳樹樹名須阿育王以
青石作后像扳生太子像昔樹無復有後諸沙門
取音樹栽種之展轉相承到今樹枝如昔尚蔭石
像又太子見行七步足跡今日丈理見存阿育王
以青石挾足跡兩邊復以一長青石覆上國人今
日恒以香花供養尚見足七形文理分明今雖有
石覆無異或人復以數重古具重覆帖著石上逾
更明也太子生時以龍王夾太子左右吐水浴太

子見一龍吐水煖一龍吐水冷遂成二池今尚一
冷一煖矣太子未出家前十日出住王田閻浮樹
下坐樹神以七寶奉太子太子不受於是思惟欲
出家也王田去宮一據據左一據據右晉言十里
也太子以三月十五日夜出家四天王来迎各捧
馬足爾時諸神天人側塞空中散天香花此時以
至河南摩強水即於此水邊作沙門河南摩強水
在迦維羅越北相去十由旬此水在羅閱祇瓶沙
國相去三十由旬菩薩於是躄過瓶沙王出見菩
薩菩薩於瓶沙隨樓那果薗中住一日日暮便去
半達鉢愁宿半達晉言白也鉢愁晉言山也白山

此去瓶沙國十里明旦便去暮宿曇蘭山去白山六由旬於是逕諧貝多樹貝多樹貝多閱祇北去曇蘭山二十里太子年二十九出家三十五得道此言與經異故記所不同竺法維曰迦衛國佛所生天竺國也三千日月萬二千天地之中央也康泰扶南傳曰昔范旃時有嘾楊國人家翔梨嘗從其本國到天竺展轉流賈至扶南為旃說天竺土俗道法流通金寶委積山川饒沃恣所欲左右大國世尊重之旃問之今去何時可到幾年可迴梨言天竺去此可三萬餘里往還可三年踰及行四年方返以為天竺之中也恒水又東逕藍莫塔邊

有池池中龍守護之阿育王欲破塔作八萬四千
塔悟龍王所供知非世遂空荒無人羣象以鼻取
水洒地若蒼梧會稽象耕鳥耘矣恒水又東西五
河口蓋五水所會非所詳矣阿難從摩竭國向毗
舍離欲般泥洹天告阿闍世王王追至河上毗舍
利諸梨車聞阿難來亦復來迎俱到河上阿難思
惟前則阿闍世王致恨卻則梨居復怨即於中河
入火光三昧燒具兩般泥洹身二分分各在一岸
二王各持半舍利還起二塔渡河南下一曲巡到
摩竭提國邑連佛邑即是阿育王所治之城城中
宮殿皆起墻闕雕文刻鏤累大石作山山下作石

室長三丈廣二丈高丈餘有大乘婆羅門子名羅
狀私婆亦名文殊師利住此城裏爽悟多智事無
不達以自居國王宗敬師事之賴此一人弘宣佛
法外不能陵凡諸中國惟此城爲大民人富盛競
行仁義阿育王壞七塔作八萬四千塔最初作大
塔在城南二里餘此塔前有佛跡起精舍北戸向
塔南有石柱大四五圍高三丈餘上有銘題云阿
育王以閻浮提布施四方僧還以錢贖塔北三百
步阿育王於此作泥梨城梨城中有石柱亦高三
丈餘上有師子柱有銘記曰作泥梨城因緣及年
數日月恒水東又南逕小孤石山頭有石室石室

南向佛昔坐中天帝釋以四十二事問佛佛以三指畫跡故在洹水又西逕王舍新城是阿闍世王造出城南四里入谷至五山裏五山周圍狀若城郭即是萍沙王舊城也東西五六里南北七八里阿闍世王欲始害佛處其城空荒又無人徑入谷搏山東南上十五里到耆闍崛山未至頂三里有石窟南向佛坐禪處西北四十步復有一石窟阿難坐禪處天魔波旬化作鵰鷲恐阿難佛以神力隔石摩阿難肩怖心鳥跡及孔悉存故曰鵰鷲窟也其山峯秀端嚴是五山之最高也釋氏西域記云耆闍崛山在阿耨達王舍城東北西望其山有

此一頁當在後

坐梵天来諸佛處四天王捧鉢處皆立塔外國事
曰毗婆梨佛在此一樹下六年長者女以金鉢盛
乳糜上佛佛得乳糜住足連河浴浴竟於邊噉糜
竟擲鉢水中逆流百步鉢沒河中迦梨郊龍王接
取在宮供養先三佛鉢亦見佛於河傍坐摩訶菩
提樹摩訶菩提樹去貝多樹二里扵此樹下七日
思惟道成魔兵試佛釋氏西域記曰尼連水南流
恒水水西有佛樹佛扵此苦行日食糜六年西去
城五里許樹東河上即佛入水浴處東上岸尼衢
立樹下坐脩舍女上糜扵此扵是西渡水扵六年
樹南貝多樹下坐降魔得佛也佛圖調曰佛樹中

枯其来時更生枝葉竺法維曰六年樹去佛樹五里書其異也法顯從此東南行還巴連佛邑順恒水西下得一精舍名曠野佛所往處復順恒水西下到尸迦國波羅奈城竺法維曰波羅奈國在迦維羅衛國南千二百里中間有恒水東南流佛轉法輪處在國北二十里樹名春浮維摩所處也法顯曰城之東北十里許即鹿野苑本辟支佛住此常有野鹿故以名爲法顯從此還居連邑又順恒水東東行其南岸有瞻婆大國釋氏西域記曰恒曲次東有瞻婆國城南有卜佉下蘭池池水恒在北佛不說戒處也恒水又逕波麗國即是佛外祖

此一頁當在前

兩峯雙立相去二三里中道鷲鳥常居其嶺土人
號曰耆闍崛山山名闍耆鷲也又竺法維云胡語
羅閱祇國有靈鷲山胡語云耆闍崛山山是青青
石頭似鷲鳥阿育王使人鑿石假安兩翼兩脚鑿
治其身今見存遠望似鷲鳥形故曰靈鷲山也數
說不同遠邇亦異今以法顯親宿其山(誦)首楞(嚴)亭香
花供養聞見之宗也又西逕迦那城南三十里到
佛苦行六年其(坐)樹處有林西(行)三里到佛入水洗浴
天王案樹枝得扳出池處又北行二里得彌家女
奉佛乳糜處從此行二里佛於一大樹下石上東
向坐食糜處樹石悉在廣長六(赤)赤高減二尺國中

寒暑均調樹木或數千歲乃至萬歲從此東北行
二十里到一石窟菩薩入中西向結跏坐心念若
我成道當有神驗石壁上即有佛影現長三尺今
猶明亮時天地大動諸天在空言此非過去當來
諸佛成道處去此西南行減半由旬貝多樹下是
過去當來諸佛成道處諸天導引菩薩起行離樹
三十步天授吉祥草菩薩受之復行十五步五百
青雀飛來繞菩薩三匝西去菩薩前到貝多樹下
敷吉祥草東向西坐時魔遣三玉女從北來試菩
薩魔手自從南來菩薩以足指按地魔兵卻散三
女變為老姥不自服佛於拘律樹下方石上東向

拘上一有尼字

國也法顯曰恒水又東到多摩梨帝國即是海口
也釋氏西域記曰大秦一名梨帝康泰扶南傳曰
從迦那調洲西南入大灣可七八百里乃到枝扈
黎大江口渡江徑西行極大秦也又云發拘利口
入大灣中正西北入可一年餘得天竺江口名恒
水江口有國號擔袟屬天竺遣黃門字興為擔袟
王釋氏西域記曰恒水東流入東海蓋二水所注
兩海所納自為東西也釋氏論佛圖調列山海經
曰西海之南流沙之濱赤水之後黑水之前有大
山名崑崙又曰鍾山西六百里有崑崙山所出五
水粗以佛圖調傳也又近推得康泰扶南傳傳崑

崙山正與調合如傳自交州至天竺最近泰傳亦
知阿耨達山是崑崙山釋云賴得調傳豁然為解
乃宣為西域圖以語法状法状以常見恠謂漢來
諸名人不應何在敦煌南數千里而不知崑崙所
在也釋云復書曰按穆天子傳穆王於崑崙側瑶
池上觴西王母云去宗周瀍澗萬有一千一百里
何得不如調言子今見泰傳非為前人不知也而
今以後乃知崑崙山為無熱丘何云乃胡國外乎
余考釋氏之言未為佳證穆天子竹書及山海經
皆埋緼歲久編韋稀絕書策落次難以緝綴後人
假合多差遠意至欲訪地脉川不與經符驗程准

途故自無會釋氏不復根其艱歸之鴻致陳其細
趣以辯非非所安也今按山海經曰崑崙墟在西
北帝之下都崑崙之墟方八百里高萬仞山有木
禾面有九井以玉為檻面有五門門有開明獸守
之百神之所在郭璞曰此自別有小崑崙也又按
淮南之書崑崙之上有木禾珠樹玉樹璇樹不死
樹沙棠琅玕在其東絳樹在其南碧樹在其北傍
有四百四十門門間四里里間九純丈五尺傍有
九井玉橫維其西北隅開以內不周之風傾宮旋
室懸圃閬風樊桐在崑崙閶闔之中是其疏圃之
池浸之黃水黃水三周復其源是謂甘水飲之不

死河水出其東北陬赤水出其東南陬洋水出其西北陬凡此四水帝之神泉以和百藥以潤萬物崑崙之丘或上倍之是謂浪風之山而不死或上倍之是謂玄圃之山登之乃靈能使風雨或止倍之乃推上天登之乃神是謂太帝之居禹乃以息土填鴻水以為名山掘崑崙以為下地高誘曰地或作池山海經曰不周之山不周之北門以納不周之風則以髣髴近浮圖調之說阿耨達六水葱嶺于闐二水之限與經史諸書全相乖異又按十三洲說崑崙山也在海之北海之玄地去岸十三萬里有弱水周匝繞山東南接積石固西北之室

東北臨大活之井西南近承淵之谷此四角大山寔崑崙之支輔也積石固南頭昔西王母告周穆王去咸陽三十六萬里山高平地三萬六千里上有三角面方長萬里形如覆盆上有金臺玉闕亦元氣之所合天帝君所沾處也考東方朔之言及經五萬里之文難言浮圖調康泰之是矣六合之内水澤之藏大非為巨小非為細存非為有隱非為無其所苞者廣矣於中同名異域稱謂相亂亦不為寡至如東海方丈亦有崑崙之稱西洲銅柱又有九府之治東方朔十洲記曰方丈在東海中央東西南北岸相去正等方丈面各五千里上專

是羣聚有金玉琉璃之宮三天司命所治處羣仙不欲升天者皆往來上廣故曰崑崙山有三角其一角正干北辰星之燿名閬風巔其一角正西名曰玄圃臺其一角正東名曰崑崙宮其處有積金為天墉城面方千里城上安金臺五所玉樓十二其北戶出承淵山又有墉城金臺玉樓相似如一淵精之闕光碧之堂瓊華之室紫翠丹房景燭曰暉朱霞九光西王母之所治眞宮仙虛之所宗上通旋機元氣布五常玉衡理順九天而調陰陽品物羣生奇特皆出在於此天人濟濟不可具記張華叙東方朔神異經曰崑崙有銅柱焉其高入天

所謂天柱也圍三千里員如削下有回屋仙人九
府治上有大鳥名曰希有南向張左翼覆東王公
右翼覆西王母背上小處無羽一萬九千里西王
母歲登翼上之東王公也故其柱銘曰崑崙銅柱
其高入天員周如削膚體美焉其鳥銘曰有鳥希
有碌赤煌煌不鳴不食東覆東王公西覆西王母
王母欲東登之自通陰陽相須唯會益工遁甲開
山圖曰五龍見教天皇被跡望在無外柱洲崑崙
山上滎氏（注）法云五龍治在五方為行神五龍降天
皇兄弟十二人分五方為十二部法五龍之跡行
無為之化天下仙聖治在柱洲崑崙山上無外之

山在崑崙東南一萬二千里五龍天皇皆出此中
為十二時神也山經曰崑崙之丘實惟帝之下都
其神陸吾是司天之九部及帝之囿時然六合之内
其苞遠矣幽致冲玅難本以晴萬像遐淵渾思絶
根尋自不登兩龍於雲轍騁八駿於龜途等軒轅
之訪百靈方大禹之集會計儒墨之説孰使辯哉
又出海外南至積石山下有石門河水冒以西南流
山海經曰河水出勃海又海水西北入禹所道積
石山山在隴西郡河閒縣西南羗中余考羣書咸
言河出崑崙重源潛發淪于蒲昌出于海水故洛
書曰河自崑崙出於重野謂此矣逕積石而為中

國河故成公子安大河賦曰覽百川之弘壯莫尚
美於黄河潛崑崙之峻極出積石之嵯峨釋氏西
域傳曰河自蒲昌潛行地下南出積石而經文在
此似如不比積石宜在蒲昌海下矣

水經卷第一

水經卷第二

桑欽撰　　酈道元注

河水二

河水又南入葱嶺山

河水重源有三非為二也一源西出捐毒之國葱嶺之上西去休循二百餘里皆故塞種也南屬葱嶺高千里西河舊事曰葱嶺在敦煌西八千里其山高大上生葱故曰葱嶺也河源潛發其嶺分為二水一水西逕休循國南在葱嶺西郭義恭廣志曰休循國居葱嶺其山多大葱又逕難兜國北北接休循西南去罽賓國三百四十里

河水又西逕罽賓國北

月氏之破塞王南君罽賓治循鮮城土城[地]平和無
所不有金銀珍寶異畜奇物踰於中下[夏]大國也山
崟有大頭痛小頭痛之山赤土身熱之坂人畜同燓

河水又西逕月氏國南

治監氏城其俗與安息同匈奴冒頓單于破月氏
殺其王以頭為飲器國遂分遠過大宛西居大夏
為大月氏其餘小衆不能去者共保南山羌中號
小月氏故有大月氏小月氏之名也

又西逕安息南

城臨嬀水地方千里大國者[也]有商賈車船行旁國

此一頁當在後

空須菩提置鉢在金机上佛一足跡與鉢共在一處國王臣民悉持梵香七寶璧玉供養塔跡佛牙袈裟頂相舍利悉在佛樓沙國釋氏西域記曰揵陀越王城西北有鉢吐羅越城佛袈裟王城也東有寺重復尋川水西北十里有河步羅龍淵佛到上浣衣處浣石尚存其水至安息注雷翥海又曰揵陀越西西海中有安息國竺芝扶南記曰安息國去私訶條國二萬里國土臨海上即漢書天竺安息國也戶近百萬最大國也漢書西域傳又云犁（犂）軒（靬）條支臨西海長老傳聞條支有弱水西王母亦未嘗見自條支乘水西行可月餘日近可十日

日所入也或河水所通西海矣故涼土異物志曰葱嶺之水分流東西西入大海東爲河源禹記所云崑崙者焉張騫使大宛而窮河源謂極於此而不達於崑崙者也河水自葱嶺分源東逕伽舍羅國釋氏西域記曰有國名伽舍羅逝此國狹小而緫萬國之要道無不由城南有水東北流出羅逝西出山即葱嶺也逕岐沙谷出谷分爲二水一水東流逕無雷國北治盧城俗與其西夜子合同又東流逕依卹國北去無雷五百四十里俗同子合河又東逕滿梨國北治滿梨各北去䟽勒五百五十里俗與子合同

此一頁當在前

「畫草旁行

為書記也

河水與蜺羅跂禘水同注雷翥海

釋氏西域傳曰蜺羅跂禘出阿耨達山西之北逕于闐國漢書西域傳曰于闐以西水皆西流注于西海

又西逕四大塔北

釋法顯所謂糺尸羅國漢言截頭也佛為菩薩時以頭施人故因名國國東有投身飼餓虎處皆起塔

又西逕陀衛國北

是阿育王子法益所治邑佛為菩薩時亦於此國以眼施人其處亦起大塔又有佛樓沙國天帝釋

變為牧牛小兒聚土為佛塔法王因而成大塔所謂四大塔也法顯傳曰國有佛鉢月氏王大興兵衆來伐此國欲持鉢去置鉢象上象不能進更作四輪車載鉢八象共牽復不進王知緣於是起塔留鉢供養鉢容二斗雜色而黑多四際分明厚可二分甚光澤貧人以少華投中便滿富人以多華供養正復百千萬斛終亦不滿佛圖曰佛鉢青玉也受三斗許彼國寶之供養時願終日香華不滿則如言願一把滿則亦便如言又按道人竺法維所說佛鉢在大月支國起浮圖高三十丈七層鉢處第二層金絡絡鎖懸鉢鉢是青石或云懸鉢虛

河水又東逕皮山國北

治皮山之城西北去莎車三百八十里

其一源出于闐國南山北流與葱嶺河合東注蒲昌海

河水又東與于闐河合南源導于闐南山俗謂之仇摩置自置北流逕于闐國西治西域上多玉石西去皮山三百八十里東去陽關五千餘里釋法顯自烏帝西南行路中無人民沙行艱難所逕之苦人理莫比在道一月五日得達于闐其國殷庶民篤信多大乘學威儀齊整器鉢無聲南城一十五里有刹寺中有石韡石上有足跡彼俗言是辟支佛跡法顯所不傳疑非佛跡也

又西北流注于河
即經所謂北注葱嶺河也
南河又東逕于闐北
釋氏西域記曰河水東流三千里至于闐屈東北
流者也漢書西域傳曰于闐已東水皆東流
南河又東北逕扜彌國北
治扜彌城西去于闐三百九十里南河又東逕精
絶國北西去扜彌四百六十里
南河又東逕且末國北
又東石會阿耨達大水釋氏西域記曰阿耨達山
西北有大水北流注牢蘭海者也其水北流逕且

末南山又北逕且末城西治且末城西通精絕二千里東去鄯鄯七百二十里種五穀兵俗略與漢同又曰且末河東北流逕且末北又流而左會南河會流東逝通為注濱河注濱河又東逕鄯鄯國北治伊循城故樓蘭之地也樓蘭至不恭於漢元鳳四年霍光遣平樂監傅介子刺殺之更立後王漢又立其前王質子尉屠為主更名其國為鄯鄯百官祖道橫門其自請天子身在漢久恐為前王子所害國有伊循城土地肥美願屯田積粟令得依重遂置田以鎮之敦煌索勱字彥義有才略刺史毛奕表行二師将軍酒泉敦煌兵千

人至樓蘭屯田起白屋召鄯鄯焉耆龜茲三國兵
各千横斷注濱河河斷之日水奮勢激波淩冒堤
勵厲聲曰王尊建節河堤不溢王霸精誠呼沱不
流水德明古今一也勵躬禱祀水猶未減乃列陣
被仗鼓譟讙叫且刺且射大戰三日水乃迴減灌
浸沃衍胡人稱神大田三年積粟百萬威服外國
其水東注澤澤在樓蘭國北行泥城其俗謂之東
故城去陽關千三百里西北烏壘千七百五千里
至墨山國一千三百六十里西北去車師千八百
九十里土地沙鹵少田仰穀傍國出玉多檉柳胡桐白
草國在東垂當白龍堆乏水草常主發道負水擔

粮迎送漢使故彼俗謂是海爲牢蘭海也釋氏西域記曰南河自于闐東於北三千里至鄯鄯善入牢蘭海者也北河自岐沙東分南河即釋氏西域記所謂二支北流逕屈茨烏夷禪善入牢蘭海者也

北河又東北流分爲二水枝流出焉北河自踈勒逕流南河之北

漢書釋氏西域傳曰葱嶺以東南北有山相距千餘里東西六千里河出其中暨于温宿之南左合枝水上承北河于踈勒之東西北流逕踈勒國南又東北與踈勒北山水合水出北谿東南流逕踈勒城下東去莎車五百六十里有市列當大月氏

大宛康居道釋氏西域記曰國有佛浴牀赤眞檀
木作之方四尺王於宫中供養漢永平十八年耿
恭以戊己校尉爲匈奴左鹿蠡王所逼恭以此城
側澗傍水自金蒲遷居此城匈奴又來攻之壅絶
澗水恭於城中穿井深一十五丈不得水吏士渴
乏笮馬糞汁飲之恭乃仰天歎曰昔貳師拔佩刀
刺山飛泉湧出今漢德神明豈有窮哉整衣服向
井再拜爲吏士禱之有頃水泉奔出衆稱萬歲乃
揚水以示之虜以爲神遂即引去後車師叛與匈
奴攻恭食盡窮困乃煑鎧弩食其筋革恭與士同
死生咸無二心圍恭不能下關寵上書求救建初

元年明帝納司徒鮑昱之言遣兵救之至柳中以
校尉關寵分兵入高昌壁攻交河城車師降遣恭
軍吏范羌將兵二千人迎恭遇大雪丈餘僅能至
城中夜聞兵馬大恐羌逕呼曰我范羌也城中皆
稱萬歲開門相持涕泣尚有二十六人衣屨穿决
形容枯槁相依而還

北河又東逕莎車國南

治莎車城西南治去蒲黎一百四十里漢武帝開
西域田於此有鐵山出青玉

北河之東南逕温宿國

治温城土地物類與鄯鄯同北至烏孫赤谷六百

一十里東通姑墨二百七十里於此枝河右入北河
北河又東逕姑墨國南
姑墨川水注之導姑墨西北赤沙山東南流逕
姑墨國西治南至于闐馬行十五日土出銅及雌
黄其水又東南流右注北北河又東逕龜兹國南
又東左合龜兹川水有二源西源出北大山南釋
氏西域記曰屈茨北二百里有山夜則火光晝日
但煙人取此山石炭冶此山鐵恒充三十六國用
故郭義恭廣志龜兹能鑄冶其水南流逕赤沙山
釋氏西域記曰國北四十里山上有寺名雀離大
清淨又出山東南流枝水左派焉又東南水流三

分右二水俱東南流注此河又東川水龜兹東北
赤以積梨南流枝水右出西南入龜兹城音屈茨
也故延城矣西去姑墨六百七十里川水又東南
流逕于輪臺之東也昔漢武帝初通西域置校尉
屯田於此搜粟都尉桑弘羊奏言故輪臺以東廣
饒水草有溉田五千頃以上其處温和田美可益
通溝渠種五穀收穫與中國同時匈奴弱不敢近
西於是徙莎車相去千餘里即是臺[西]也其水又東
南流右會西川枝水水有二源俱受西川東流逕
龜兹城南合為一水水間有故城蓋屯校所守也
其水東南注東川東川水又東南逕烏壘國南治烏

壘城西去龜兹三百五十里東去玉門陽關二千
七百四十八里與渠棃田官相近土地肥饒於西
域爲中故都護治漢使持節鄭吉并護北道故號
都護都護之起自吉置也其水又東南注大河大
河又東右會敦薨之水其水出焉耆之北敦薨之
山在匈奴之西烏孫之東山海經曰敦薨之水出
焉而西流注于泑澤出于崑崙之東北隅實惟河
源者也二源俱道西源東流分爲二水西南流出
於焉耆之西經流焉耆之野屈南東南流注于敦
薨之渚右水東南流又分爲二左右焉耆之國城
居四水之中在河水之洲治員渠城西去烏壘三

百里南會兩水同注敦薨之浦東源東南流水為二水但澗瀾雙引洪湍濬發俱東南流逕出焉耆之東導于危須城西國治危須城西去焉耆百里又東南流注于敦薨之藪川流所積渾水斯漲溢海為海史記曰焉耆近海多魚鳥東北隔大山與車師接敦薨之水自西海逕尉黎國國治黎城西去都護所治三百北去焉耆百里其水又西出沙山鐵關谷又西南流連城別注裂以為田桑弘羊曰臣愚以為連城以西可遣屯田以威西國即此處也其水又屈而南逕渠黎國西故史記曰西有大河即斯水也又東南流逕渠黎國治渠黎城曰

北去烏壘三百四十里漢武帝通西域屯渠黎即
此處也南與精絶接東北與尉梨接又南流注于
河山海經曰敦薨之水西流注于泑澤蓋亂河流
自西南注也河水又東逕墨山國南治墨山城西
至尉梨二百四十里
河水又東逕注賓城南又東逕樓蘭城南而東注
蓋發田土所屯故城禪國名耳
河水又東注于泑澤
即經所謂蒲昌海也水積鄯鄯之東北龍城之西
南龍城故姜賴之虚胡之大國也蒲海溢盪覆其
國城基尚存而至元晨發西門暮達東門澮其岸

岸餘溜風吹稍蝕龍形皆西面向海因名龍城地
廣千里皆為鹽而剛堅也行人所逕畜産皆布氈
卧之掘發其下有大鹽方如巨桃(枕)以次相累類霧
氣雲浮寡見星日少禽多鬼怪西接鄯鄯(善)東連三
沙為海之北隘矣故蒲昌亦有鹽澤之稱也山海
經曰不周之山北望諸毗之山臨彼岳崇之山東
望泑澤河水之所潛也其源渾渾泡泡者也東去
玉門陽關一千三百里廣輪四百里其水澄渟冬
夏不減其中洄湍電轉為隱淪之脉當澴流之上
飛禽奮翮於霄中者無不墜於淵波矣即河水之
所潛而出於積石也

又東入塞過敦煌酒泉張掖郡南

河自蒲昌有隱淪之證並間關入塞之始自此經當求實致也河水重源又發于西塞之外出於積石之山山海經曰積石之山其下有石門河水冒以西南流注是山也萬物無不有禹貢所謂導河自積石也山在西羌之中燒當所居也延熹二年西羌燒當犯塞護羌校尉段熲討之追出塞至積石山斬首而還司馬彪曰西羌者自析支以西濱河首在右居也河水屈而東北流逕於析支之地是爲河曲矣應劭曰禹貢析支屬雍州在河關之西東去河關千餘里羌人所居謂之河曲羌也東

北迮歷敦煌酒泉張掖南應劭地理風俗記曰敦
煌酒泉其水甘若酒味故也張掖言張國臂掖以
威羌狄說文曰郡制天子地方千里分為百縣縣
有四郡故春秋傳曰上大夫縣下大夫郡至秦始
置三十六郡以監縣矣邑君轂釋名郡群也人而
群聚也黃義仲十三州記曰郡之言君也改公侯
之封而言君者至尊也郡守專權君臣之禮彌崇
今郡字君在其左邑在其右君為元首邑以載民
故取名於君謂之郡漢官曰秦用李斯議分天下
為三十六郡凡郡或以列國陳魯齊吳是也或以
舊邑長沙丹楊是也或以山陵太山山陽是也或

以川原西河河東是也或以所出金城城下得金
酒泉泉味如酒豫章樟樹生庭鴈門鴈之所育是
也或以號令禹合諸侯大計東冶之山會計國名
會稽是也河逕其南而纏絡遠矣

河水又自東河曲逕西海郡南

漢平帝時王莽秉政欲耀威德以服遠方諷羌獻
西海之地置西海郡而築五縣焉周海亭燧相望
莽篡政紛亂郡亦棄廢

河水又東逕允川而歷大榆小榆谷北

羌迷唐鍾存所居也永元元年貫友代聶尚為護
羌校尉攻迷唐斬獲八百餘級收其熟麥數萬斛

於逢留河上築城以盛麥其作大船於河狹作橋
渡兵迷唐遂遠依河曲永元元年迷唐復與鍾存
東寇而還十年謁者王信耿譚西擊迷唐降之詔
聽大小榆迷唐種人許漢造河橋兵來無時知地
不可居復叛居河曲與羌爲讎種人與官兵擊之
允川去迷唐數十里營止遣輕兵挑戰因引還迷
唐追之至營因戰迷唐敗走於是西海及大小榆
無復聚落隃麋相曹鳳上言連武以來西戎數犯
法常從燒當發所以然者以其居大小榆谷土地
肥美又近塞與諸種相傍南得鍾存以廣其衆北
阻大河因以爲固又有西海魚鹽之利濵出沿河

以廣田畜故能強大常諸羌今黨援沮壞親屬離叛其餘勝兵不過數百宜此時建復西海郡縣規固二榆廣設屯田鬲塞羌胡交關之路殖穀富邊省輸轉之役上拜鳳為金城西部都尉遂開田二十七部淶河與建威相首尾後羌反遂罷按段國沙州記吐谷渾於河上作橋謂之河厲長一百五十步兩岸累石作基陛節節相次大木從橫更鎮壓兩邊俱來相去三丈並大材以板橫次之施句欄甚嚴飾橋在清水川東也

又東過隴西河關縣北洮水從東南來流注之

河水右逕沙州北段國曰澆河西南一百七十里

有黃沙南北一百二十里西七十里西極大楊川望黃沙猶若人委于糒於地都不生草木蕩然黃沙周回數百里沙州於是取號焉地理志曰漢宣帝神爵二年置河關縣蓋取河之關塞也風俗通曰百里曰同總名為縣縣玄也首也從系倒首與縣易偏矣言當玄静徑後也釋名又曰縣也懸於郡矣黃義仲十三州記曰縣絃也絃以貞直言下體之居鄰民之位不輕其誓施繩用法不曲如絃絃聲近縣故以取名今縣字在半也漢帝元年令天下縣邑城張晏曰令各自築其城也

河水又東北流入西平郡界左合二川南流入河又

東北濟川水注之

水西南出濫瀆東北流入大谷謂之大谷水北逕澆河城西南北流注于河

河水東又逕澆河故城北

有二城東西角倚東北去西平二百二十里宋少帝景平中拜吐谷渾河豺為安西将軍澆城[河]公即此城也

河水又東北逕黃川城河水又東逕石城南左合北一谷水

昔段熲擊羌於石城投河墜坑而死者八百餘人即於此也

河水又東北逕黄河城南
　西北去西平二百一十七里
河水又東北逕廣違城北又合烏頭川水
　水發遠川引納支津北逕城東而北流注于河
河水又東逕邯川城南
　城之左右歷谷有三水導自北山南逕邯亭注于河
河水又東臨津溪水注之
　水自南山北逕臨津城西而北流注于河
河水又東逕臨津城北白土城南
　十三州志曰左南津西六十里白土城城在大河
　之北而爲緣河濟渡之處北魏涼州刺史郭淮破羌

遯寒於白土即此處矣

河水又東左會白土川水

水出白土城西北下東南流逕白土城北又東南注于河

河水又東北會兩川右合二水

参差夾岸連襄負嶮相望河北有層山山甚靈秀山峯之上立石數百丈亭亭桀竪競勢爭高遠望嵾嵾若攢圖之託霄上其下層巖峭舉壁岸無階懸巖之中多石室焉室中若有積卷矣而世士罕有津逮者因謂之積書巖巖堂之内每時見神人往還矣蓋鴻衣羽裳之士練精餌食之夫耳俗人

津逮歸太僕家抄本趙清常校本皆作津達

不悟其仙者又謂之神鬼被毳目鬼目唐述復因名爲之唐述山指其堂密之居謂之唐述窟其懷道宗玄之士皮冠淨髮之徒亦往棲託爲故秦州記曰河峽崖傍有二窟一曰唐述窟高四十丈西二里有時亮窟高百丈廣二十丈深三十丈藏古書五字亮南安人也下封有水導自是山溪水南注河謂之唐述水

河水又東得野亭南

又東北流歷研川謂之研川水又東北注于河謂之野城口

河水又東歷鳳林北

鳳林山名也五巒俱峙耆諺云昔有鳳鳥飛遊五峯故山有斯目矣秦州記曰抱罕原北名鳳林川川中則黃河東流也

河水又東與灕水合

水道源塞外羌中故地理志曰其水出西塞外東北流歷野虜中逕消銅城西又東逕河列城東考地說無目蓋出自戎方矣左右列水水出西北谿東北流逕列城北又入灕水城居二水之會也灕水又北逕可石孤城西西戎之名也又東北石右合黑城溪水水出西北溪下東南流逕黑城南又東南枝水左出焉又東南入灕水又東北逕榆城東

榆城溪水注之水出素和細越西北山下東南流
逕于細越川夷俗鄉名也又東南出狄周峽東南
右合黑城溪之枝津津水上承溪水東北逕黑城
東東北注之榆溪又東南逕榆城南東北注灕水
灕水又東北逕石門口山高嶮絶對岸若門故峽
得厥名矣疑即皐蘭山門也漢武帝元狩三年驃
騎霍去病出隴西至皐蘭應謂是山之關塞也漢
書音義曰皐蘭應在隴西白石縣塞外河名也孟
康曰山關名也今是山去河不遠故論者疑目河
山之間矣灕水又東北皐蘭山水自山左右翼注
灕水灕水又東白石川水注之水出縣西北下東

南流枝津東注焉白石川水又南逕白石城西而注灕水水又東逕白石縣故城南王莽更曰順礫闞駰曰白石縣在狄道西北二百八十五里灕水逕其北今灕人水逕東南注之而不出其北也灕水又東逕白水山北應劭曰白石山在東羅溪注之水出西南山下東入灕水水又東左合罕并开南谿水出罕开西東南流逕罕开南十三州志曰廣大坂在枹罕西北罕开在焉者昔慕容吐谷渾自燕歷陰山西馳而創居於此灕水又東逕枹罕縣故城南應劭曰故罕羌侯邑也十三州志曰枹罕縣在郡西二百一十里灕水在城南門前東過也灕水

又東北故城川水注之水有二源南源出西南山下東北流逕金細北嶺北又東北逕一故城南又東北與北水會北源自西南逕故城北右入南水亂流東北注灕水灕水又東北左合白石川之枝津水上承白石川東逕白石城北又東絶罕开溪又東逕枹罕城南又東入灕水灕水又東北出峽北流注于河地理志曰灕水出白石縣西塞外東至枹罕入河

河水又逕左南城南

十三州志曰右石城西一百四十里有左南城者也津亦取名焉

大河又東逕赤岸北
即河夾岸也秦州記曰枹罕有河夾岸岸廣四十
丈義熙中乞佛於此河上作飛橋橋高五十丈三
年乃就
河水又東洮水注之
地理志曰水出塞外羌中沙州記曰洮水與墊江
水俱出強臺山山南即墊江源山東則洮水源山
海經曰白水出蜀郭景純注云從臨洮之西傾山
東南流入漢而至墊江故段國以為墊江水也洮
水同出一山故知強臺西傾之異名也洮水東北
流吐谷渾中吐谷渾者始是東燕慕容之枝庶因

氏其字以為首類之種虒也故謂之野虜自洮嵹
南北三百里中地草便[徧]是龍鬚而無樵柴洮水又
東北流逕陽曾城北沙州記曰嵹城東北三百里
有曾城城臨洮水者也建初二年羌攻南部都尉
於臨洮上遣行車騎將軍馬防與長水校尉耿恭
救之諸羌退聚洮陽即此城也洮水又東逕共和
山南城在四山中洮水又東逕迷和城北羌名也
又東逕甘枳亭歷望曲在西南去龍桑二百里洮
水又東逕臨洮縣故城北禹治洪水西至洮水之
上見長人受黑玉書於斯水上洮水又東北流屈
而逕索西城西建初二年馬防耿恭從五谿祥榼

谷出索西與羌戰破之西築索城徙隴西南部都
尉居之赤水城亦曰臨洮東城也沙州記曰從東
洮至西洮一百二十里者也洮水又屈而北逕龍
桑城西而西北流馬防以建初二年從安故五溪
出龍桑開通舊路者也俗名龍城洮水又西北逕
步和亭東步和川水注之水出西山下東北流出
山逕（步）和亭北東北注洮水洮水又北出門峡歷求
厥川蕈川水注之水出桑嵐西溪東流歷桑嵐川
又東逕蕈川北東入洮水洮水又北歷峡逕偏橋
出夷始梁右合蕈壗川水東南石底嶺下北歷蕈
壗川西北注洮水洮水又東北逕桑城東又北會

藍川水水源出來歷川西北溪南流歷川東北流逕藍川歷水城城北東入洮水洮水又北逕外羌城西又北逕和博城東城在山内左合和博川川水出城西南山下東北逕和博城南東北注于洮水洮水北逕安故縣故城西地理志曰隴西之屬縣也十三州志曰縣在郡南四十七里蓋延轉擊狄道安故五谿及羌大破之即此也洮水又北逕降狄道故城西闞駰曰今曰武始也洮水在城西東北下又北隴水注之即山海經所謂濫水也水出鳥鼠山西北高城嶺西逕隴坻其山岸崩落者聲聞數百里故楊雄稱響若坻頹是也又西北歷白

石山下地理志曰降狄道東有白石山濫水又西
北逕武階城南又西北逕降狄道故城東百官表
白縣有蠻夷謂之道有公主謂之邑應劭曰反舌
左衽不與華同須有譯言乃通也漢隴西郡治秦
昭王二十八年置應劭曰有隴坻在其東故曰隴
西也神仙傳曰封君達隴西人服鍊水銀年百歲
視之如年三十許騎青牛故號青牛道士王莽更
郡縣之名郡曰厭戎縣曰操虜也昔馬援為隴西
太守六年為狄道開渠引水種秔稻而郡中樂業
即此水也濫水又西北流逕注于洮水洮水右合
二水左會大夏川水水出西山二源合合而亂流

逕金柳城南十三州志曰大夏縣西有故金柳城去縣四十里本尉治又東北逕大夏縣故城南地理志曰王莽之順夏晉書地道記曰縣有禹廟禹所出也又東北出山注于洮水洮水又北翼帶三水亂流北入河地理志曰洮水北至枹罕東入河是也

又東過金城允吾縣北

金城郡治也漢昭帝始元五年置王莽之西海也莽又更允吾爲循遠縣河水逕其南不在其北南有湟水出塞外東逕西王母石室石釜西海鹽池北故闞駰曰其西即湟水之源也地理志曰湟水

所出也湟水又東南流逕龍夷城故西零之地也
十三州志曰城在臨羌新縣西三百一十里王莽
納西零之獻以爲西海郡治此城湟河又東南逕
卑禾羌海北有鹽池闞駰曰縣西有卑禾羌海者
也世謂之青海東去西平二百五十里湟水東流
逕湟中城北故小月氏之地也十三州志曰西平
張掖之閒大月氏之别小月氏之國范曄後漢書
曰湟中月氏胡者其王爲匈奴所殺餘種分散西
踰葱嶺其弱者南入山從羌居止故受小月氏之
名也後漢西羌傳曰羌無弋爰劒者秦厲公時以
奴隸亡入三河羌爲神推爲豪河湟之閒多禽獸

以射獵為事遂見敬信依者甚衆其曾孫忍因留
湟中為湟中羌也湟水又東右控四水道源四溪
東北流注于湟湟水又東逕赤城北而東入經戎
峽山口右合羌水出西南山下逕護羌城東故護羌
校尉治又東北逕臨羌城西東北流于湟湟水又
東逕臨羌縣故城北漢武帝元狩元年以封孫都
為侯國王莽之監羌也謂之緩（綏）戎城非也湟水又
東盧溪水注之水出西南盧川東北流注于湟水
湟水又東逕臨羌新縣故城南闞駰曰臨羌新縣
在郡西百八十里湟水逕城南也城有東西門西
北隅有子城湟水又東右合溜溪伏溜石杜蠡四

川東北流注之左會臨羌溪水水發新縣西北東
南流歷縣北東南入湟水湟水又東龍駒川水注
之水又出西南山下東北流逕龍駒城北流注于
湟水湟水又東長寧川水注之水出松山東南流
逕晉昌川晉昌川水注之長寧水又東南養女川
水注之水發養女北山有二源皆長湍遠發南總
一川逕養女山謂之養女川闞駰曰長寧亭北有
養女嶺即浩亹之西平之北山也亂流出峽南逕
長寧亭東城有東西門東北隅有金城西平西北
四十里十三州志曰六十里遠矣長寧水又東南
與一水合水出西山東南流水出南山上有風伯

祠春秋祭之其水東南逕長寧亭南東入長寧水長寧水又東南流注于湟水湟水又東牛心川水注之水出西南遠山東北流逕牛心惟(堆)東又北逕西平亭西東北入湟水湟水又逕西平城北東城即故亭也漢景帝六年封隴西太守北地公孫渾邪為侯國魏黃初中立西平郡憑倚故亭增築南西北三城以為郡治湟水又東逕土樓南樓北倚山原峯高三百尺又若削成樓下有神祠彫墻故壁存焉闞駰曰西平亭北有土樓神祠者也今在亭東北五里右(古)則五泉注之泉發西平亭北鴈次相綴東北流至土樓南北入湟水湟水又東右合

葱谷水水有四原各出一溪亂流注于湟水又東
逕東亭北東出漆峡山峡也東流右則漆谷常溪
注之左則甘夷川水入焉湟水又東安夷川水注
之水發遠山西北逕控衆川北屈逕安夷城北西
東入湟水湟水又東逕安夷縣故城有東西門西
平亭東七十里闞駰曰四十里湟水又東左合宜
春水水出東北宜春溪西南流至于安夷南入湟
水湟水又東勒且溪水注之水出縣東南勒且溪
北流逕安夷城東而北入湟水湟水有勒且之名
疑即此號也闞駰曰金城河初與浩亹河合又與
勒且河合者也湟水又東左合承流谷水南入右

會達扶東西二溪水參差北注亂流東出六山名
也東流期頓雞谷二水北流注之吐那孤長門兩
川南流入湟水湟水又東逕樂都城南東流又合
來谷乞斤流二水左會陽非流溪細谷三水東逕
破羌縣故城南應劭曰漢宣帝神爵二年置城省
南門十三州志曰湟水河在南門前東過六谷水
自南破羌川自北左右翼注湟水又東南逕小晋
興城北故都尉治闞駰曰允吾縣西四十里有小
晋興城也湟水又東與閤門河即浩亹河也出西
北塞外東入塞逕敦煌酒泉張掖南東南逕西平
之鮮谷塞尉故城南又東南與湛水合水有二源

西水出白嶺下東源發于白岸谷合為一川東南流至霧山注閤門河閤門河又東逕養女北山東南左合南流川水出北山南流入于閤門河河又東逕浩亹縣故城南王莽改曰興武矣闞駰曰浩讀閤也故亦曰閤門水西兼其稱矣又東流注于湟水故地理志曰浩亹水東至允吾入湟水又東逕允吾縣北為鄭伯津與澗水合水出縣北令居縣西北塞外南流逕其縣故城西漢武帝元鼎二年置王莽之平虜也又南逕永登亭西歷黑石谷南流注鄭伯津湟水又東逕允街縣故城南漢宣帝神爵二年置王莽之脩遠亭也縣有龍泉出允

街谷泉眼之中水文成蛟龍或試撓破之尋平成
龍畜生將飲者皆畏避而走謂之龍泉下入湟水
湟水又東逕枝陽縣逆水注之水出允吾縣之叅
街谷東南流逕街亭城南又東南逕陽非北亭又
東南逕廣武城西故廣武都尉治郭淮破叛荒故
無載於此處也城之西南二十許里水西有馬蹄
谷漢武帝聞大宛有天馬遣李廣利伐之始得此
馬有角為奇故漢賦天馬之歌曰天馬來兮歷無
草逕千里兮巡東道胡馬感北風之思遂頓羈絕
絆驤首而馳晨發京城食至敦煌北塞外嗚而去
因名其處曰候馬亭今晉昌郡南及廣武馬蹄谷

般石上馬迹若踐泥中有自然之形故其俗號曰天馬徑夷人在邊效刻是有大小之迹體狀不同視之便別逆水又東逕枝陽縣故城南東南入于湟水地理志曰逆水允吾東至枝陽入湟河又東流注于金城河即積石之黄河也闞駰曰河至金城縣謂之金城河隨地為名也釋氏西域記曰牢蘭海東伏流龍沙堆在屯皇東南四百里河步于鮮卑山東流至金城為大河出崑崙崑崙即阿耨達山也

河水又東逕石城南

謂之石城津闞駰曰在金城西北矣河水又東南

逕金城縣故北應劭曰初築城得金故曰金城也漢書集注薛瓚云金者取其堅固也故墨子有金城湯池之言矣王莽之金屏也世本曰鯀作城風俗通曰城盛也從土成聲管子曰内爲之城外爲之郭郭外之土閒池高則溝之命之曰金城十三州志曰大河在金城北門東流有梁泉注之出縣之南山按耆舊言梁暉字始娥漢大將軍梁冀後冀誅入羌後其祖父爲羌所推爲渠帥而居此城土荒民亂暉將移居抱罕出頓此山爲羣羌圍迫無水暉以所執榆鞭豎地以青羊祈山神泉湧出榆木成林其水自縣北流注于河也

又東過楡中縣北

昔蒙恬為秦北逐戎人開楡中之地按地理志曰金城郡之屬縣也故徐廣史記音義曰楡中在金城即阮嗣宗勸進文所謂楡中以南者也

又東過天水北界

苑川水出勇士縣之子城南山東北流歷此城州世謂之子城川又北逕牧師苑故漢牧苑之地也羌豪述吾等萬餘人到襄武首陽平襄勇士至抄此苑焉焚燒亭驛即此處也又曰苑川水地為龍馬之沃土故馬援請與田戶中分以自給也有東西二苑城相去七里西城即乞佛所都也又北入于河也

又北過武威媪圍縣東北
河水逕其界東北流縣西南有泉源東逕其縣南
又東北入河也
又東北過天水勇士縣北
地理志曰蒲（滿）福也屬國都尉治王莽更名之曰紀
德水出縣山世謂之二十八渡水東北流溪澗縈
曲途出其中逕二十八渡行者勤於溯涉故因名
焉北逕其縣而下注河又有赤曄川水南出赤蒿
谷北流逕赤曄川又北逕牛官川又北逕義城西
北北流歷三城川而北流注于河也
又東北過安定北界麥田山河水東北流逕安定祖

厲縣故城西北

漢武帝元鼎五年幸雍遂踰隴登空同西臨祖厲河而還即於此也王莽更名之曰鄉禮也李斐曰音嗟賴又東北祖厲川水注之水出祖厲南山北流逕祖厲縣而西北流注于河水

河水又東北逕麥田城西又北與麥田泉水合

水出城西北西南流注于河

河水又東北逕麥田山西

在安定西北六百四十里

河水又東北逕于黑城北又東北高平川水注之

即若水也水出高平大隴山若水谷建武八年世

祖征隗囂漢從高平第一城若水谷入即是谷也東
北流逕高平縣故城東漢武帝元鼎三年安定郡
治也王莽更名其縣曰鋪睦西十里有獨阜阜上
有故臺臺側有風伯壇故世俗呼此阜為風堆其
水又北龍泉水注之水出縣東北七里龍泉東北
流注高平川川水又北出秦長城長城在縣北一十
五里又西北流選逕東西二太婁故城門北合一水
水有五源咸出隴山西東水發源縣西南二十六
里湫淵淵在四山中湫水北流西北出長城北與
次水會水出縣西南四十里長城西山中北流逕
魏行宮故殿東又北次水注之出縣西南四十里

山中北流逕行宮故殿西又北合次水水出縣西
南四十八里東北流又與次水合水出縣西南六
十里鹹陽山東北流左會右水總為一川東逕西
婁北東注若水叚頻為護羌校尉於安定高平若
水討先零斬首八千級於是水之上若水又北與
石門水合水有五源東水導源高平縣西八十里
西北流次水注之水出縣西百二十里如州泉東
北流右入東水亂流左會三川參差相得東北同為
一川混濤歷峽峽即隴山之北垂也謂之石門口
水曰石門水在縣西北八十餘里石門之水又東
北注高平川川水又北自延水注之西出自延溪

東流歷峽謂之自延口縣之西北一百里又東北逕延城南東入高平川川水又北逕廉城東按地理志曰北地有廉城縣闞駰言在富平北自昔匈奴侵漢新秦之土率為狄塲故城舊壁盡從故自地理淪移不可復識當是世人誤證也川水又北若水注之水發縣東北百里山流注高平高平又北逕三水縣西肥水注之水出高平縣西北二百里牽條山西東北流與若勃溪水合有二源總歸一瀆東北流入肥肥水又東北流逕泉水注焉泉流所發導於若勃溪東東北流入肥肥水又東北出峽注于高平川水東有山山東有三水縣故城

本屬國都尉治王莽之廣延亭也西南去定郡三百四十里侍郎張奐為安定屬國都尉治此羌有獻金馬者奐召主簿張祁入於羌前以酒酹地曰使焉如羊不以入廐使金如粟不以入懷盡還不受威化大行縣東有溫泉溫泉東有鹽池故地理志曰縣有鹽官今於城之東北有故城城北有三泉疑即縣之鹽官也高平川水又北入于河

河水又東北逕眴卷縣故城西

地理志曰河水別出為河溝東至富平北入河河水於此有上河之名也

水經卷第二

水經卷第三

桑欽撰　酈道元註

河水三

河水又北過北地富平縣西

河側有兩山相對水其間即上河峽世謂之為青山河水歷峽北注枝分東出

河又北逕富平縣故城西

秦置北地都治縣城王莽名郡為威戎縣曰特武建武中曹鳳字仲理為北地太守政化尤異黃龍應於九里谷高岡亭角長三丈大十圍稍至十餘丈天子嘉之賜帛百匹加秩中二千石

河水又北薄骨律鎮城
城在河渚上赫連果城也桑果餘林仍列洲上但語出戎方不究城名訪諸耆舊咸言故老宿彥言赫連之世有駿馬死此取馬色以為邑號故曰（目）城為白口騮韻之謬遂仍今稱所未詳也

河水又逕典農城東
世謂之胡城又北逕上河城東世謂之漢城薛瓚曰上河在西河富平縣即此也馮參為上河典農都尉所治也

河水又北逕典農城東
俗名之為呂城皆參所屯以事農

河水又東北逕廉縣故城東

王莽之西河亭地理志曰卑移山在西北

河水又與北枝津合

水受大河東北逕富平城所在分裂以溉田圃北
流入河今無水爾雅曰灉反入言河決復入者也
河之有灉若漢之有潛也

河水又東北逕渾懷鄣西

地理志曰渾懷都尉治塞外者也太和初三齊平
徙歷下民居此遂有歷地之名矣南去北城平三百里

河水又東北歷右石崖山西

去北城平五百里山石之上自然有文盡若戰馬之

狀粲然成著類以圖馬故亦謂之畫石山也

又北過朔方臨戎縣西

河水東北逕三封縣故城東漢武帝元狩三年置

十三州志曰在臨戎縣西一百四十里

河水又北逕臨戎縣故城西

漢元年立舊朔方郡治王莽之所謂推武也

河水又北有枝渠東出謂之銅口東逕沃野故城南

漢武帝元狩三年立王莽之綏武也枝渠東注以

漑田所謂智通在我矣

河水又北屈而為南河出焉河水又北迆西溢於廊

渾縣故城東

漢武帝元朔二年開朔方郡治又有西部都尉治
有道自縣西北出雞鹿塞王莽更郡曰溝搜縣曰
極武其木(水)積而為屠曰(申)澤澤東西一百二十里故
地理志曰屠申澤在縣東即是澤也闞駰謂之渾
澤矣屈從縣北流

河水又屈而東流為北河東逕高闕南

史記趙武靈王既襲胡服自代並陰山下至高闕
為塞山下有長城長城之際連山刺天其山中斷
兩岸雙闕善能雲舉望若闕焉即狀表目故有高
闕之名也自闕北出荒中闕口有城跨山結局謂
之高闕戍上古迄今常置重捍以防塞道漢元朔

四年衛青将十萬人敗右賢王於高闕即此處也

河水又東逕臨河縣故城北漢武帝元朔三年封代恭王子劉賢爲侯國王莽之監河也漢武帝元朔二年大將軍衛青絶梓嶺梁北河是也至河目縣西

河水自臨河縣東逕陽山南

漢書注曰陽山在河北指此山也東流逕石跡阜西是阜破石之文悉有鹿馬之跡故斯阜納稱焉南屈逕河目縣在北假地名也自高闕以東夾山帶河陽山以去西皆北假也史記曰秦使蒙恬将十萬人北擊胡度河取高闕據陽山北假中是也北

河又南合南河上承西河東逕臨戎縣故城北又東逕臨河縣南又東逕廣牧縣故城北又東部都尉治王莽之鹽官也逕流二百許里東會于河

河水又南逕馬陰山西

漢書音義曰陽山在河北陰山在河南謂是山也而即實不在河南史記音義曰五原安陽縣北有馬陰山今山在縣北言陰山在河南又傳疑之非也余按南河北河及安陽縣以南悉沙阜耳無佗異山故廣志曰朔方郡北移沙七所而無山以擬之是議誌之僻也陰山在河東南則可矣

河水又東南逕朔方縣故城東北

詩所謂城彼朔方也漢元朔二年大將軍衛青取河南地為朔方郡使校尉蘇建築朔方城即此城也王莽以為武符者也按地理志云今金連青澤鹽澤並在縣南矣又按魏土地記曰縣有大鹽池其鹽大而青白名曰青鹽又名戎鹽入藥分漢置典官鹽池去平地宮千二百里在新秦之中服虔曰新秦地名在北方千里如淳曰長安已北朔方以南也薛瓚曰秦逐匈奴收河南地徙民以實之謂新秦也屈南過五原西安陽縣南

河水自朔方東轉逕渠搜縣故城北

地理志曰朔方有渠搜縣中部都尉治王莽之溝

搜亭也禮三朝記曰北發渠搜南撫交阯此與（以）北
對南禹貢之所云析支渠搜矣河水又逕西安（陽）縣
故城王莽更之曰鄣安矣河水東逕田辟城南地
理志曰故西部都尉治也屈東過九原縣南
河水又東逕成宜縣故城南
王莽更曰艾虜也
河水又東逕原亭城南
闞駰十三州志曰中部都尉治
河水又東逕宜梁縣之故城南
闞駰曰五原西南六十里今世謂之石崖城
河水又東逕副（稒）陽城南

東部都尉治逕河陰縣故城北又東逕九原縣故城南秦始皇置九原郡治此漢武帝元朔二年更名五原也王莽之獲降郡成平縣矣西北接對一城蓋五原縣之故城也王莽之填河亭也竹書紀年云魏襄王十七年邯鄲命吏大夫奴遷于九原又命将軍大夫適子代吏皆貂服矣其城南面長河北背連山秦始皇逐匈奴並河以東屬之陶山築亭鄣為河上塞徐廣史記音義曰陶山在五原北即此山也始皇二十四年起自臨洮東暨遼海西並陰山築長城及南越地晝鷩（警）夜作民勞怨苦故楊泉物理論曰秦始皇使蒙恬築長城死者相屬民

歌曰生男慎勿舉生女哺用餔不見長城下尸骸
相支拄其冤痛如此矣蒙恬臨死曰夫起臨洮屬
遼東城塹萬餘里不能不絕地脉此固當死也
又東過臨沃縣南
王莽之振武也
河水又東枝津出焉河水又東流石門水南注之
水出石門山地理志曰北出石門鄣即此山也西
北趣光禄城甘露三年呼韓邪單于還詔遣長樂
衛尉高昌侯董忠車騎都尉韓昌等將萬六千騎
送單于居幕南保光禄徐自為所築城也故城得
其名矣城東北即懷朔鎮城也其水自障東南流

逕臨沃城東東南注于河

河水又東逕椢陽縣故城南

王莽之椢陰也地理志曰自縣北出右（石）門鄣河水決其西南隅又東南枝津注焉水上承大河於臨沃縣東流七十里北溉田南北二十里（注）于河

河水又東逕塞泉城南而東注又東過雲中楨陵縣南又東過沙南縣北從縣東屈南過沙陵縣西

大河東逕咸陽縣故城南王莽之貴武也

河水屈而流白渠水注之

水出塞外西逕定襄武進縣故城北西部都尉治王莽更曰伐蠻世祖建武中封趙慮為侯國也白

渠水西北逕成樂固北郡國志曰樂固屬定襄也
魏土地記曰雲中城東八十里有成樂城今雲中
郡治一名石盧城也白渠水又西逕魏雲中宮南
魏土地記曰雲中宮在雲中故城東四十里白渠
又西南逕雲中故城南故趙地虞氏記云趙侯自
五原河曲築長城東至陰山又於河西造大城一
箱崩不就乃改卜陰山河曲而禱焉晝見群鵠遊
于雲中徘徊經日見大光在其下武侯曰此為我
乎乃即于其處築城今雲中城是也秦始皇十三
年立雲中郡縣曰遠服矣白渠水又西北於沙陵
縣故城南王莽之希思縣也其水西注沙陵湖又

有芒湖水塞外南逕鍾山山即陰山故郎中侯應
言於漢曰陰山東西千餘里單于之苑囿也自孝
武出師攘之於漢北匈奴失陰山過之未嘗不哭
謂此山也其水西南逕武皋縣王莽之永武也又
南逕原陽縣故城西又西南與武泉水合其水東
出武泉縣之故城西南縣即王莽之所謂順泉者
也水南流又西屈逕北輿縣故城南按地理志曰
五原有南輿縣王莽之南利也故此加北舊中部
都尉十三州志曰廣陵有輿故加北疑太疎遠也
其水又西南入芒于水西南逕白道南谷口有城
在右策帶長城背山面澤謂之白道南谷口有城

自城北出有高坂謂之白道嶺沿路唯土穴出泉
挹之不窮余每讀琴操見琴慎相和雅歌録云飲
馬長城窟及其扳陟斯途遠懷古事始知信矣非
虛言也顧瞻左右山樹(椒)之上有垣若頹基焉沿谿
亘嶺東西無極疑趙武靈王之所築也芒于水又
南西逕雲中城北白道中溪水注之水發源武川
北塞中其水南流逕武川鎮城以景明中築以禦
北狄矣其水西南流歷谷逕魏帝行宮東世謂之
阿計頭殿宮城在白道嶺北阜上其城負角而不
方四門列觀城內唯臺殿而已其水又西南歷中
谿出山西南流於雲中城北於雲中城北南注芒

于水芒于又西塞水出懷朔鎮東北芒中南流逕
廣德殿西山下余以太和十八年從高祖北巡届
於陰山之講武臺臺之東有高祖講武碑碑文是
中書郎高聰之辭也自臺西出南上山山無樹木
唯童阜耳即廣德殿所在也其殿四柱兩廈堂宇
綺拱圖畫竒禽異獸之象殿之西北便得焜煌堂
雕楹鏤桷取狀古之温室也其時帝幸龍荒遊鸞
朔北南秦王仇池楊難當捨蕃委誠重譯拜闕陛
見之所也故殿以廣德爲名魏太平眞君三年刻
石樹碑勒宣時事碑頌云肅清帝道振攝四荒有
蠻有戎自彼氐羌無思不服重譯稽顙恂恂南秦

欽欽稚忘峨峨廣德弈弈焜煌侍中司徒東郡公
崔涪之辭也碑陰題宣成公李孝伯尚書盧遐等
從臣姓名若新鏤焉其水歷谷南出陰山西南入
芒于水芒于水又西南注沙陵湖湖水西南入于河

河水南入楨陵縣西北

緣胡山歷沙南縣東北兩山二縣之間而出余以
太和中為尚書郎從高祖北巡親所逕涉縣在山
南王莽之楨陵也北去雲中城一百二十里縣南
六十許里有東西大山山西枕河河水南流脉水
尋經殊乖川去之次似非關究也

又南過赤城東又南過定襄桐過縣西

定襄郡漢高帝六年置王莽之得降也桐過縣王莽
更名椅桐者也

河水於二縣之間濟有君子之名

昔漢桓帝十三年西幸榆中東行代地洛陽大賈齎金貨隨帝後行夜迷失道往投津長曰子封送之渡河賈人卒死津長理之其子尋求父喪發冢舉尸資費一無所損其子悉以金與之津長不受事聞於帝帝曰君子也即名其津為君子濟濟在雲中城西南二百餘里

尋此二語亦當為注不係經文

河水又東南左合一水

水出契吳東山西逕故里南而北俗謂之契吳亭

其水又西流注于河
河水又南樹頽水注之
水出東山西南流右合中陵川水水出中陵縣
南山下北俗謂之大浴其山水亦取名焉東北流
逕中陵縣故城東北俗謂之北右突城王莽之遮
害也十三州志曰善無縣南七十五里有中陵縣
世祖建武二十五年置其水又西北右合一水水
出東山北俗謂之貸敢山水又受名焉其山自西
北流注于中陵水又西北流逕善無縣故城西王
莽之陰館也十三州志曰舊定襄郡治地理志鴈
門郡治其水又西北流又會一水水出東山下北

俗謂之吐文水山又取名焉北流逕鋤亭南西流
土壁亭南西出峽左入中陵水水又北分爲一（二）水
一水東北流謂之流水又東逕沃陽縣坎（故）城南北
俗謂之可不埿城王莽之敬陽也又東北逕沃陽
城東又東合可不埿水出東南六十里山下西北
流注沃水又會東逕叅合縣南魏因叅合陘以即
名也北俗謂之倉鶴陘道出其中亦謂之叅合口
陘在縣之西北即燕書所謂太子寶自河還師叅
合三軍奔潰即是處也魏立縣以隸凉城郡也西
去沃陽縣故城二十里縣北十里有都尉城地理
志曰沃陽縣西部都尉治者也北俗謂之阿養城

其水又東合一水水出縣東南六十里山下北俗
謂之災豆渾水西北流注于沃水又東北流注鹽
池地理志曰鹽澤在東北者也今鹽池西南去沃
陽故城六十五里池水瀓渟淵而不流東西三十
里南北二十里池北七里即凉城郡注治池西有舊
城俗謂之凉城也郡取名焉地理志曰澤有丞長
此城即長丞所治也城西三里有小阜阜下有泉
東南流注池北俗謂之大谷此佳水亦受目焉中
陵川水自枝津西北流右合一水於連嶺北出沃
陽縣東北山下北俗名之烏伏貟山水曰誥升袁緣
河西南流逕沃陽縣左合中陵川亂流西南與一

水合北俗謂之樹頹水水出東山下西南流石合
諸升袤緣水亂流西南注分為二水左水枝分南出
北俗謂之太河羅右水西逕故城南北俗名之昆
新城其水自城西南流注于河

河水又南太羅水注之

水源上承樹頹河南流西轉逕武縣故城南十三
州志曰武縣在善無西百五十里北俗謂之太羅
城水亦藉稱焉其水西南流右水注之水導故城
西北五十里南流逕城西北名之曰故槃迴城又
南流注太羅河太羅河又西南流注于河

河水又左得湳水口

水出西河郡美稷縣東南流東觀記曰郭伋細侯
為并州牧前在州素有恩德老小相攜道路行部
到西河美稷數百小兒各騎竹馬迎拜伋問兒曹
何自遠來曰聞使君到喜故迎伋謝而發去諸兒
復送郭外問使君何日還伋計日告之及還先期
一日念小兒即止野亭須期至乃往其水又東南
流羌人因水以氏之漢冲帝時羌湳狐奴歸化蓋
其渠帥也其水俗亦謂之為遄波水東南流入長
城東鹹水出長城西鹹谷東入湳水又東南渾波
水出西北窮谷東南流注于湳水湳水又東逕西
河富昌縣故城南王莽之富成也湳水又東流入

于㵎水左合一水出善無縣故城西南八十里其
水(衍)西流歷于吕梁之山而為吕梁洪其巖層岫
行㵎曲崖深巨石崇竦壁立千仞河流激盪濤湧
雲襄雷渀(霆)洩震天動地曰(昔)吕梁未闢河出孟門之
上蓋大禹所闢以通河也司馬彪曰吕梁在離石
縣西今於縣西歷山尋河乃無過(過)嶇(岨)至是乃為河
之巨嶮即古(吕)梁矣在離石北而以東可二百有餘
里也
又南過西河圁音銀陽縣東
西河郡漢武帝元朔四年置王莽攺曰歸新圁水
出上郡白土縣圁谷東逕其縣南地理志曰圁水

出西東入河王莽更曰黄土也東至長城與神銜
水合水出縣南銜山峽山東出至長城入于圁圁
水又東逕鴻門縣縣故鴻門亭地理風俗記曰圁
陰縣西五十里有鴻門亭天封苑火井廟火從地
中出圁水又東梁水注之水出西北梁谷東南流
注圁水又東逕圁陰縣北漢惠帝五年立王莽改
曰方陰矣又東桑谷水注之水出西北桑溪東北
桑溪東北流入于圁圁水又東逕圁陰南東流注
于河

河水又東端水入焉

水西出號山山海經曰其山木多陘欆其草多穹

窮是多冷石端水出焉而東流注于河

河水又南諸次之水入焉

水出上郡諸次上山海經曰諸次之山諸次水出是山多木無草鳥獸莫居是多衆蛇其水東逕榆林塞世又謂之榆林山即漢書所謂榆溪舊塞者也自溪西去悉榆柳之藪矣緣歷沙陵屆龜兹縣西出故謂廣長榆也王恢云樹榆爲塞謂此矣蘇林以爲榆中在上郡非也按始皇本紀西北逐匈奴自榆中並河以東屬之陰山然榆中在金城東五十許里陰山在朔方東以北推之不得在上郡漢書音義蘇林爲是失也其水東入長城小榆林水

合爲歷澗西北窮谷其源也又東合首積水西出
首積溪溪東注諸次水又東入于河山海經曰諸
次之水東流注于河即此水也
河水又南陽水注之
山海經曰水出上申之山上無草木而多硌石下
多榛楛湯水出焉東流注于河也
又南離石縣西奢延水注之
水西出奢延縣西南赤沙阜東北流山海經曰所
謂生水出孟山者也郭景純曰孟或作明漢破羌
将軍段熲破羌於奢延澤虜走洛川洛川在南俗
因縣土謂之奢延水又謂之朔水矣東北流逕其

縣故城南王莽之奢節也赫連龍昇七年於是水之北黑水之南遣将作大匠梁公叱干阿梨改築大城名曰統萬城蒸土加功雉堞雖久崇墉若新并造五兵器鋭精利乃咸百鍊為龍雀大鐶号曰大夏龍雀銘其背曰古之利器吳楚湛盧大夏龍雀名冠神都可以懷遠可以柔逋如風靡草威服九區世甚珍之又鑄銅為大鼓及飛廉翁仲銅駞龍虎皆以黃金飾之列於宮殿之前則今夏州治也奢延水又東北與温泉合源西北出沙溪而東南流注奢延水奢延水又東黑水入焉水出奢延縣黑澗東南歷沙陵注奢延水奢延水又東合交蘭水出龜

謝耳伯云宋刻本無焉水二字

茲交蘭谷東南流注奢延水奢延水又東北流與鏡
波水合水源出南邪山南谷東北流注于奢延水
奢延水又東逕膚施縣帝原水西北出龜茲縣東
南流縣因茲降胡著稱又東南注奢延水又逕膚
施縣南秦昭王三年置上郡治漢高祖并三秦復
以為郡王莽以漢馬負為增山連率歸世祖以為
上郡太守司馬彪曰增山者上郡之別名也東入
五龍山地理志曰縣有五龍山也帝原水自下亦
為通稱也歷長城東出于赤翟白翟之中又有平
水出西北平溪東南入奢延水又東走馬水注之
水止西南長城北陽周縣故城南橋山昔二世賜

蒙恬死於此王莽更名上陵山上有黄帝冢故也
帝崩唯弓劍存焉故世稱黄帝仙矣其水東流昔
段頰追羌出橋門至走馬水閒羌在奢延澤即此
處也門即橋山之長城門也始皇令太子扶蘇與
蒙恬築長城起自臨洮至于碣石即是城也其水
東北流入長城又東北注奢延水又東與白羊水
合其水出于西南白羊溪廻溪東北注于奢延水奢
延水又東入于河山海經曰生水東流注于河

河水又南陵水注之
　水出陵川北溪南逕其川西轉入河
河水又南得離石水口

離石北山南流逕離石縣故城西史記云秦昭王伐趙取離石者也漢武帝元朔三年封代共王子劉歸為侯國後漢西河郡治也其水又南出西轉逕隰城縣故城南漢武帝元朔三年封代恭王子劉忠為侯國王莽之茲平亭也胡俗語訛尚有千城之稱其水西流注于河也

又南過中陽縣西

中南縣故城在東東翼汾水隔越重山不濱于河也

又南過土軍縣西

吐京郡治故城即土軍縣之故城也胡漢譯言皆

詭僞變矣其城負長而不方漢高帝十一年以封武侯宣義爲侯國縣有龍泉出城東南道左山下牧馬川上多産名駒駿同滇池元河其水西北流至其城東南土軍水出道左高山西南注之龍泉水又北屈逕其城東西北入于河

河水又南合契水

傍溪東入窮谷其源也又南至禄谷水口水源東窮此溪也

河水又南得大蛇水

發源溪首西流入河

河水又右納辱水

山海經曰辱水出于鳥其山上多桑其下多楮陰多鐵陽多玉其水東流注于河俗謂之秀延水東流得浣水口傍溪西轉窮溪便即浣水之源也延水又東會于根水西南溪下根水所發而東北注延水東南露跳水西出露溪東流又東北入延水亂流注于河河水又南左合信支水水發源東露西流入于河河水又南左會石羊水巡溪東入道源窮谷西流注入河

又南過上郡高奴縣東

域谷水東啓荒源西歷長溪西南入于河河水又南合溪口水出孔山南歷溪西流注于河孔山之上

有穴如車輪三所東西相當相去各二丈許南北
直通故謂之孔山也山在蒲城西南三十餘里河
水又右會區水山海經曰次四經之首曰陰山西北
百七十里曰申山其上多穀柞其下多杻橿多金
玉區水出焉而東流注于河世謂之清水上郡東
流入于長城逕老人山下又東北流至老人谷傍
水北出極溪便得水源清水又東得龍尾水口水
出北地神泉鄣北山龍尾溪東北流注清水又東
會三湖水水出南山三湖谷東北流入清水清水
又東逕高奴縣合豐林水地理志謂之洧水也故
言高奴縣有洧水肥可爇水上有肥可接取用之

慱物志稱酒泉延壽縣南山出泉水大如筥注地為溝水有肥如肉汁取著器中始黄後黑如凝膏然極明與膏無異膏車及水碓釭甚佳彼方人謂之石漆水肥亦所在有之非止高奴縣洧水也項羽以封董翳為翟王居之三秦此其一也漢高祖破以縣之王莽之利平矣民俗語訛謂之高樓城也豐林川長津溈注北流會洧洧水又有溪谷水注之水西出奚川東南流入洧水又東注于河

河水又南蒲川石樓山南逕蒲城東即重耳所奔之處也又南歷蒲子縣故城西今大魏之汾州治徐廣晉紀稱劉淵自離石南移蒲子

者也闞駰曰蒲城在西北溪武置其水南出得黃
盧水口東出歷蒲子城南東北入谷極溪便水之
源也又南合紫川水水出東北出紫川谷西南合
江水江水出江谷西北入紫水紫水又西北入蒲
水蒲水又西南入于河水河水人南黑水水出定
陽縣西山二源奇發同瀉一壑東南流逕其縣北
又東南流右合定水俗謂之白水也水西出其縣
南山定水谷更逕定陽縣故城南應劭曰縣在定
水之陽也定水又東注于黑水亂流東南入于河

水經卷第三

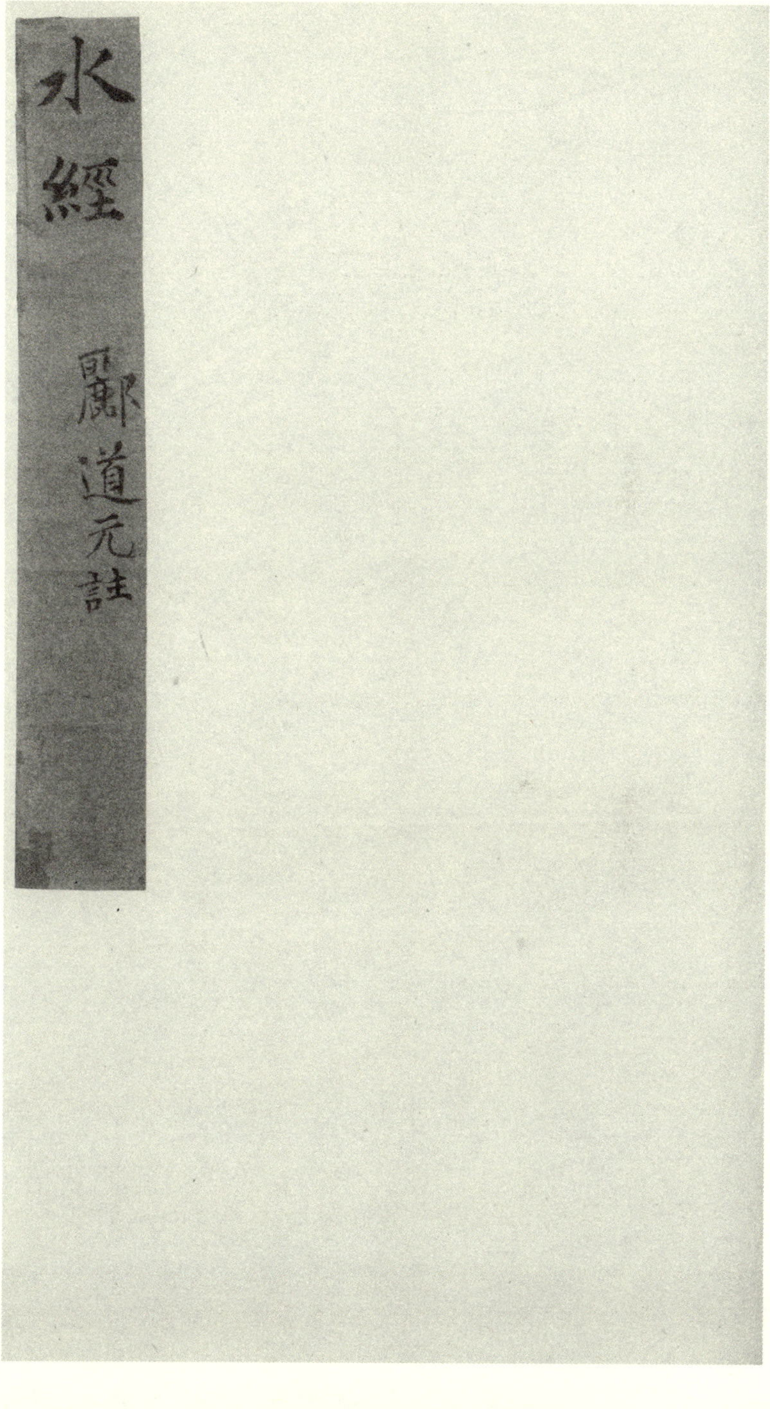
水經　酈道元註

水經卷第四

桑欽撰　酈道元註

河水四

河水又南過河東北屈縣西

河水南逕北屈縣故城西十里有風山上有穴如輪風氣蕭瑟習常不止當其衝飄也而略無生草蓋不定衆風之門故也風山西四十里河南孟門山山海經曰孟門之山其上多金玉其下多黃堊涅石淮南子曰龍門未闢呂梁未鑿河出孟門之上大溢逆流無有丘陵高阜滅之名曰洪水大禹疏通謂之孟門故穆天子傳曰北登孟門九河之

蹬孟門即龍門之上口也實謂黃河之巨阸兼孟津之名矣此石經始禹鑿河中漱廣夾岸崇深傾崖返捍巨石臨危若墜復倚古之人有言水非石鑿而能入石信哉其中水流交衝素氣雲浮往來遥觀者常若霧露沾人窺深悸魂其水尚崩浪萬尋縣流千丈渾洪贔怒鼓若山騰濬波頹疊迄于下口方知慎子下龍門流浮竹非駟馬之追也又有燕完水注之異源合舍西流注河

河水又南得鯉魚

歷澗東入窮溪首便其源也爾雅曰鱣鮪也出鞏穴三月則上渡龍門得渡為龍矣否則點額而還

非夫往還之會何能便有茲稱乎

河水又南羊求水入焉

東出羊求川西逕北屈縣故城南城則夷吾所奔邑也王莽之朕北也汲郡古文曰翟章救鄭次于南屈應劭曰有南故加北國語曰二五言於獻公曰蒲與二屈君之疆也其水西流注于河

河又南為採桑津

春秋僖公八年晋里克敗狄于採桑是也

又南過皮氏縣西

赤水出西北罷谷川東謂之赤石川東入于河

河水又南合蒲水

西則兩源並發俱道一山出西河陰山縣王莽之
山寧也陰山東麓南水東北與長松水合水出西
三陽山東東北流左入蒲水蒲水又東北與北溪
會同為一川東北注河

河水又南丹水西南

丹陽山東北逕冶東俗謂之丹陽城城之左右猶
有遺銅矣其水東北會白水口水出丹山東而西
北注之丹水又東東北入河

河水又南黑水

西出丹山東而東北入于河

河水又南至崿谷傍因

東北窮澗水源所導也西南流注于河

河水又南洛水自獵山枝分東派東南注于河

昔魏文侯築館洛陰指謂是水也皮氏縣王莽之延平也故城在龍門東南不得延逕皮氏方届龍門也

又南出龍門口汾水從東來注之

昔者大禹導河積石踈決梁山謂斯處也即經所謂龍門矣魏土地記曰梁山北有龍門山大禹所鑿通孟津河口廣八十步巖際鐫跡遺功尚存岸上并有廟祠祠前有石碑三所二碑文字紊滅不可復識一碑是太和中立竹書紀年晉昭公元年

河赤于龍門三里梁惠成王四年河水赤于龍門三日京房易妖占曰河水赤下民恨

河水又南右合暢谷水

水自溪東南流逕夏陽縣西北東南注于河

河水又南逕梁山原東

原自山東南出至河晉之望也在馮翊夏陽縣之西臨于河上山崩壅河三日不流晉侯以此問伯宗即是處也春秋穀梁傳曰成五年梁山崩遏河水三日不流召伯尊遇輦者不避使車右鞭之輦者曰所以鞭我者其取道遠矣伯尊因問之輦者曰君親縞素率羣臣哭之斯流矣如其言而河

河水又南崌谷水注之水出縣西北梁山東南流横溪注之水出岀三累山其山層密三成故俗以三累名山按爾雅山三成為崑丘斯山豈亦崑丘乎山下水際有二石室蓋隱者之故居矣細水東流注于崌谷側溪山南有石室西面有兩石室北面有二石室皆因阿結牖連扃接闥所謂石室相距也東廂石上猶傳杵臼之跡庭中亦有舊字處尚髣髴前基北坎室上有微涓石溜豐周瓢飲似是栖遊隱學之所昔子夏教西河疑即此也而無辯之溪水又東南逕夏陽縣故城北𡗝梁也秦惠文王十一年更從今名矣

王莽之冀亭也其水東南流于河音韓信之襲魏
王豹也以木罌自北渡
河水又南右合陶渠水
水出西北梁山東南流逕漢陽太守殷濟精廬尚
俗謂之子夏廟河水又南逕高門南蓋層阜墮缺
故流東門之稱矣又東南逕華池南池方三百六
十步在夏陽城西北四里許故司馬遷碑文云高
門華池在茲夏陽西城北漢陽太守精濟精舍四
里所今高門東去華池三里溪水又東南逕夏陽
縣故城南服虔曰夏陽虢邑也在太陽東三十里
城南又歷高陽宮北又東南逕司馬子長墓北墓

前有廟廟前有碑永嘉四年漢陽太守殷濟瞻仰遺文大其功德遂建石室立碑樹栢太史公自叙曰遷生於龍門是其墳墟所在矣溪水東南流入河昔魏文侯與吴起浮河而下美河山之固即於此也

河水又西徐水注之

水出西北梁山東南流逕漢武帝登仙宫東東南流絶疆梁石逕劉仲城北是漢祖兄劉仲之封邑也故徐廣史記音義曰郃陽國名也高祖八年侯劉仲元年其水東南逕子夏陵北東入河

河水又南逕子夏石室

東南北有二石室臨側河崖即子夏廟室也

又南過汾陰縣西

河水東際汾陰脽縣故城在脽側漢高帝六年封周昌為侯國魏土地記曰河東郡北八十里有汾陰城北去汾水三里城西北隅曰脽丘上有后土祠封禪書曰元鼎四年始立后土祠於汾陰脽丘是也又有萬歲宮漢宣帝神爵元年幸萬歲宮東濟大河而神魚舞水矣昔趙簡子沈欒激於此曰吾好聲色而是子致之吾好士六年不進一人是過而黜吾善君子以為能譴矣

河水又逕郃陽城東

周威烈王之十七年魏文侯伐秦至鄭還築汾陰郃陽即此城也故有莘邑矣爲太姒之國詩云在郃之陽在渭之涘又曰纘汝維莘長子維行謂此也城北在北瀵水南去二水各數里其水東逕其城内東入于河又於城南側中有瀵水東南出城注于河城南又有瀵水東流東注于河水南猶有文母廟前有碑去城一十五里水即郃水也縣取名焉故應劭曰在郃水之陽也河水又南瀵水入焉水出汾陰縣南四十里西去河三里平地開源朕泉上湧大幾如輪深則不測俗呼之爲瀵魁古人壅其流以爲陂水東西二百步南北一百餘步

與郃陽瀵水夾河中渚上又有一瀵水皆相潛通故呂沈曰爾雅異出同流爲瀵水其水西南流歷朔坂西西流注于河

河水又南逕陶城西

舜陶河濵皇甫士安以爲定陶不在此也然陶城在蒲坂城北城即舜所都也南去歷山不遠或耕或陶所在則可何必定陶方得爲陶也舜之陶也斯或一焉孟津有陶河之稱蓋從此始之南對蒲津關汲冢竹書紀年魏襄王七年秦王來見于蒲坂關四月越王使公師隅來獻乘舟始罔及舟三百箭五百萬犀角象齒焉

又南過蒲坂縣西

地理志曰縣故蒲也王莽更名蒲城應劭曰秦始皇東巡見有長坂故加坂也孟康曰晉文公以賂秦秦人還蒲於魏魏人喜曰蒲反矣故曰蒲反也薛瓚注漢書云秦世家以垣爲蒲反然則本非蒲也皇甫謐曰舜所都也或言蒲坂或言平陽及潘者也今城中有舜廟魏秦州刺史治太平遷都罷州置河東郡郡多流雜謂之徙民民有姓劉名墮者宿擅工釀採挹河流醖成芳酎懸食同枯枝之年排於桑落之辰故酒得其名矣然香醑之色清白若滫漿焉别調氛氳不與佗同蘭薰麝越自成

馨逸方土之貢選最佳酌矣自王公庶友率拂相招者每云索郎有顧思同旅語索郎反語為桑落也更為籍徵之雋句中書之英談郡南有歷山也謂之歷觀舜所耕處也有舜井嬀汭二水出焉南曰嬀水北曰汭水西逕歷山下上有舜廟周處風土記曰舊說舜葬上虞又記云耕於歷山而始寧剡二縣界上舜所耕田於山下多柞樹吴越之間名柞為櫪故曰歷山余按周處此志為不近情傳疑則可證實非矣安可假木異名附山殊稱彊引大舜即比寗懷更為失誌記之本體差實録之常經矣歷山嬀汭言是則安於彼乖矣尚書所謂釐

降二女於嬀汭也孔安國曰居嬀水之内王肅曰
嬀汭虞地名皇甫謐曰納二女於嬀水之汭馬季
長曰水所出曰汭然則汭似非水名而今見有二
水異源同歸渾流西注入于河

河水南逕雷首山西
山臨大河北去蒲坂三十里尚書所謂壺口雷首
者俗亦謂之堯山山上有故城世又曰堯城闞駰
曰蒲坂堯都按地理志曰縣有堯山有祠雷首山
在南事有似而非非而是千載眇貌非所詳耳

又南涑水注之
水出河北縣雷首山縣北與蒲坂分山有夷齊廟

闞駰十三州志曰山一名獨頭山夷齊所隱也山
南有古冢陵栢蔚然攢茂丘阜俗謂之夷齊墓其
水也西南流亦曰雷水穆天子傳曰壬戌天子至
于雷首犬戎觴天子雷首之阿乃獻良馬四天子
使孔牙受之于雷水之于是也昔趙盾田首山食
祁彌明翳桑之下即於此也涑水又西南流注于
河春秋左傳謂之涑川者也俗之謂陽安澗水
又南至華陰潼關渭水從西來注之
汲都竹書紀年曰晉惠公十五年秦穆公帥師送
公子重耳涉自河曲春秋左氏僖公二十四年秦
伯納之及河子犯以璧授公子曰臣負羈紲從君

巡於天下臣之罪多矣臣猶知之而况君乎請由
此亡公子曰所不與舅氏同心者有如白水授璧
於此子推哭曰天開公子子犯以爲功吾不忍與
同位遂逃焉

河水歷船司空與渭水會
漢書地理志曰舊京兆郡之屬縣也左丘明國語
云華嶽本一山當河河水過而曲行河神巨靈于
盪脚蹋開而爲兩今掌足之跡仍存華巖開山圖
曰有巨靈胡者偏得神元之道能造山川出河所
謂巨靈贔屓首冠靈山者也常有好事之人故升
華嶽而觀厥跡焉自下廟歷列栢南行十一里東

迴三里至中祠又西南出五里至南祠謂之北君祠諸欲升山者至此皆祈請焉從北南入谷七里又屆一祠謂之石養父母石龕木主存焉又南出一里至天井井裁容人穴空迂迴傾曲而上可高六丈餘山上又有微涓細水流入井中亦不甚沾人上者皆所由涉更無別路欲出井望空視明如在室窺窻也出井東南行二里峻坂斗上斗下降此坂二里許又復東上百丈崖升降皆須扳繩挩葛而行矣南上四里路到石壁緣傍稍進逕一百餘步自此西南出六里又至一神名曰胡趨寺神像有童子之容從祠南歷夾嶺裁廣三尺餘兩箱

崖數萬仞窺不見底祀祠有感則雲與之平也然
後敢度猶須騎嶺抽身漸以就進故世謂斯嶺為
搦嶺矣度此二里便屆山頂上方七里靈泉二所
一名蒲池西流注于澗一名太上泉東注澗下上
宮神廟近東北隅其中塞實雜物事難詳載自上
宮東北出四百五十步有屈嶺東南望巨靈手跡
唯見洪崖赤壁而已都無山下上觀之分均矣河
在關內南流潼激關山因謂之潼關灌水注之水
出松果之上北流逕通谷世亦謂之通谷水東北
注于河述征記所謂潼谷水者也或說因水以名
地也河水自潼關東北流水側有長坂謂之黃巷

坂傍絶澗涉此坂以升潼關所謂泝黄卷以濟潼關矣歷北出東崤通謂之函谷關也邃岸天高空谷幽深澗道之峽車不方軌號曰天嶮故西京賦曰巖嶮周固衿帶易守所謂秦得百二幷吞諸侯也是以王元説隗囂曰請以一丸泥東封函谷關圖王不成其弊足霸矣郭緣生記曰漢末之亂魏武征韓遂馬超連兵此地今際河之西有曹公壘道來原上云李典營義熙十三年王師曾據此壘西征記曰沿路逶迤入函道六里舊城城周百餘步北臨大河南對高山姚氏置關以守峽宋武王入長安檀道濟王鎮惡或據山爲營或平城結壘

為大小七營濵帶河嶮姚氏亦保據山原阜之上尚傳故跡矣關之直北隔河有層阜巍然獨秀孤峙河陽世謂之風陵戴延之之所謂風塠者也南則河濵姚氏之營與晉對岸

河水又東北玉澗水注之

水南出玉溪北流逕皇天原西周固記開山東首上平博方可里餘三面壁立高千許仞漢世祭天於其上名之為皇天原上有漢武帝思子臺又北逕閿鄉城西郡國志曰弘農胡氏有閿鄉水世謂之閿鄉水也魏尚書僕射閿鄉侯河東衛伯儒之故邑其水北流注于河

河水又東逕閿鄉侯河東與全鳩澗水合
水出南山北逕皇天原東述征記曰全節地名也
其西名桃原古之桃林周武王克殷休牛之地矣
西征賦曰咸徵名於桃園者也晉太康地記曰桃
林在閿鄉南谷中其水入北河注于河

又東過河北縣南

縣與湖縣分河蓼水出襄山蓼谷西南流于河

河水又東永樂澗水注之
水北出于薄山南流逕河北縣故城西故魏國也
晉獻公滅魏以封畢萬卜偃曰魏大名也萬後其
昌乎後乃縣之在河之北故曰河北縣也今城南

西二面並去大河可二十餘里北去首山一十許里處河山之間土地迫隘故魏風著十畝之詩也城内有龍泉南流出城又南斷而不流永樂溪水又南入于河余按中經即渠猪之水也太史公封禪書稱華山以西名山七薄山有其一焉薄山即襄山也徐廣曰蒲坂縣有襄山山海經曰蒲山之首曰甘桑之山共水出焉而西流注于河東則渠猪之山渠猪之水出焉而南流注于河如淮封禪書二水無西南流河之理今診蔘水川流所趣與共水相扶永樂溪水導源注于河又與渠猪勢合蒲山統自總稱亦與襄山不殊故楊雄河東賦曰

河靈玃蹋掌華蹈襄注去襄山在潼關北十餘里
以是推之知襄山在蒲坂㴽水即渠猪之水也
河水自河北城南東逕芮城
二城之中有鼤干木冢干木晉之賢人也魏文侯
過其門軾其廬所謂德尊萬古芳越求今矣汲冢
竹書紀年曰晉武功元年尚一軍芮人乘京荀人
董伯皆叛匪直大荔故芮也此亦有焉紀年又云
晉武功七年芮伯萬之母芮姜逐萬萬出奔魏八
年周師虢師圍魏取芮伯萬而東之九年戎人逆
芮伯萬于郟斯城亦或伯萬之故畫也
河水又會槃澗

水出湖縣夸父山北逕漢武帝思子宫歸來望子
臺東又北流入于河
河水又東逕湖縣故城北
昔范叔入関遇穰侯於此矣湖水出桃林塞之夸
父山廣員三百仞武王伐紂天下既定王及嶽濱
放馬華陽散牛桃林即此處也其中多野馬造父
於此得驊騮緑耳盜驪之乘以獻周穆王使之馭
以見西王母湖水又北逕湖縣東而北流入于河
魏土地記曰弘農湖縣有軒轅黃帝登仙處黃帝
採首山之銅鑄鼎於荆山之下有龍垂胡於鼎黃
帝登龍從龍者七十人遂昇於天故名其地爲鼎

湖荊山在馮翊首山在蒲坂與湖縣相連晉書地
道記太康記並言胡縣也漢武帝改作湖俗云黃
帝自此乘龍上天也地理志曰京兆湖縣有周天
子祠二所故曰湖不言黃帝升龍也山海經曰西
九十里曰夸父之山其木多椶柟多竹箭其陽多
玉其陰多鐵其北有林焉名曰桃林其中多馬湖
水出焉北流注于河故三秦記曰桃林塞在長安
東四百里若有軍馬經過好行則牧華山休息林
下悪行則決河漫延人馬不得過矣

河水又東合相谷水

水出弘農縣兩石隄山山下有石隄祠銘云魏甘

露四年散騎常侍征南将軍豫州刺史領弘農太守南平公之所經建也其水北流逕其亭下昔公子重耳出亡及栢谷卜適齊楚狐偃曰不如之翟漢武帝嘗微行此亭見饋亭長妻故潘岳西征賦曰長徵容於栢谷妻覩貌而獻餐謂此亭也谷水又北流入于河

河水又東右合門水

門水即洛水之枝流者也洛水自上洛縣東北於拒城之西北分為二水枝渠東北出為門水也門水又東北歷陽華之山即華陽山海經所謂陽華之山門水出焉者也又東北歷峽謂之鴻関水東

有城即関亭也水西有堡謂之鴻関島世亦謂之
劉項裂城處非也余按上洛有鴻臚圍池是水津
渠沿注故謂斯川為鴻臚澗鴻関之名乃起是矣
門水又東北歷邑川燭水注之左水出于陽華之
陽陰東北流逕盛墻亭西東北流與右水合水俱
出陽華之陰東北流逕盛墻亭東北與左水合即
山海經所謂緒茹之水出于陽華之陰東北流注
于門水者也又東北燭水注之水有二源左水南
出于衡嶺世謂之石城山其水東北流逕石城西
東北合右水出石地山東北逕石城東東北入左
水地理志曰燭水出衡嶺下谷開山圖曰衡山在

函谷山西南是水亂流東注于緒茹之水二水悉得通稱矣歷澗東北出謂之開方口水側有阜名之方伯堆宋奮武將軍魯方平建威將軍薛安都等與建威將軍柳元景北入軍次方伯堆者也堆上有城即方伯所築也又東北逕入川城南即漢封竇門之故邑川受其名亦曰竇門城在函谷關南七里又東北田渠川水注之出衡山之白石谷東北流逕故丘亭東是薛安都軍所從城也其水又逕鹿蹄山西山石之上有鹿蹄自然成者非人功所刊歷田渠川謂之曰渠水西北流注于燭水燭水又北入門水水之左右即函谷山也門水又

北逕弘農縣故城東城即故函谷關校尉舊治處
也終軍棄繻於此燕丹孟嘗亦義動雞鳴於其下
可謂深心有感志誠難奪矣昔老子昔入關尹喜
望氣於此也故趙至與嵇茂齊書曰李叟入秦及
關而歎亦言與嵇叔夜書及關尹望氣之所異說
紛綸並未知所定矣漢武帝元鼎四年徙關於新
安縣以故關為弘農縣弘農郡治王莽更名右隊
劉柏公為郡虎相隨渡河光武聞而善之其水側
城北流而注于河河水於此有洹津之名說者咸
云漢武微行柏谷遇辱竇門又感其妻深識之饋
既返玉階厚賞賚焉賜以河津令其鬻渡今竇津

者是也故潘岳西征賦酬匹婦其已泰胡厥夫之
謬官袁豹之徒並以爲然余按河之南畔夾側水
瀆有測謂之洹津河北縣有洹水洹津其水南入
于河河水故有洹津之名不從門始蓋事類名同
故作者是之竹書穆天子傳曰天子自竇軨乃次
于洹水之陽丁亥入于南鄭考其沿歷所鍾路直
斯津以是推之知非因門矣俗或謂之偃鄉澗水
也河水又在左右一水其水三源疏引俱導薄山
南流會成一川其三水之内世謂之閑原言虞芮
所爭之田所未詳矣又南注于河河水右會水注
之水出南山北逕曹陽亭西陳涉遣周章入秦少

符章邯斬之於此魏氏以爲好陽晉書地道記曰
亭在弘農縣東十三里其水西北流入于河河水
又東菑水注之水出常烝之山西北逕曲沃城南
又屈逕其城西西北入河諸注述者咸言曲沃在
北此非也魏司徒崔浩以爲曲沃地名也余按春
秋文公十三年晉侯使詹嘉守桃林之塞處此以
備秦時以曲沃之官守之故曲沃之名遂爲積古
之傳矣河水又東得七里澗澗在陜西七里故因
名焉谷水自南山通河亦謂之曹陽坈是以潘岳
西征賦曰行於漫瀆之口憇於曹陽之墟桓豹崔
浩亦不非其地矣余按漢書昔獻帝東遷逼以寇難

李傕郭汜追戰於弘農澗天子遂露次曹陽揚奉董丞外與傕和内引白波李樂等破傕乘輿於是得進復來戰奉等大敗兵相連綴四十餘里方得達陝以推之似非曹陽然以山海經曰求之菑曹字相類是或有曹陽之名也河水東合醮譙水導源常丞之山俗謂之爲于山蓋先後之異名也山陝城南八十里其川流也二源雙導同注一壑西北流注于河

又東過陝縣北

橐水橐出山西北流又有干水出南山北合逕崖峽北流與于山之水會出于山東谷兩川合注于

崖水又東北注橐水北流出谷謂之漫澗矣與安陽溪水合水出石崤南西逕安陽城南漢武帝封上官傑爲侯國也潘岳所謂我徂安陽也東合漫澗水北有逆旅亭謂之漫口客舍也

又西逕陝縣故城南

又合一水謂之瀆谷水南出近溪北流注橐其水又西北逕陝城西西北入于河河北對茅城故茅亭茅戎邑也公羊曰晉敗之大陽者也津亦取名焉春秋文公三年秦伯伐晉自茅津濟封崤尸而還是也東則咸陽澗水注之水出北虞山南至陝津注河河南即陝城也昔周邵分伯以此城爲東

西之别東城即虢邑之上陽也虢仲之所都爲南虢三虢此其一焉其大城中有小城故焦國也武王以封神農之後於此王莽更名黄眉矣戴延文云城南倚山原北臨黄河懸水百餘仞臨之者咸悚惕焉西北帶河水湧起方數十丈有物居水中父老云銅翁仲所投處又云石虎載經終此沈没二物並存水所以湧所未詳也或云翁仲頭髻常出水之漲減恒與水齊晉軍當至髻不復出今唯見水異耳嗟嗟有聲聲聞數里按秦始皇二十一年長狄十二見於臨洮長五丈餘以爲善祥鑄金人十二以象之各重二十四萬斤坐之宫門之前

謂之金狄皆銘其胷云皇帝二十六年初兼天下以為郡縣正法律同度量大人来見臨洮身長五丈足六尺李斯書也故衛恒叙篆曰秦之李斯號為工篆諸山及銅山銘皆斯書也漢自防房徙之未央前俗謂之翁仲矣地皇二年王莽夢銅人立惡之念銅人名有皇帝初并天下文使尚方工鐫滅所夢銅人膺文後董卓毁其九為錢其在者三魏明帝欲徙之洛陽重不可勝至霸水西停之漢晉春秋曰或言金狄泣故留之石虎取置鄴宫苻堅又徙之長安毁二為錢其一未至而苻堅亂百姓推置陝北河中於是金狄滅余以為鴻河巨瀆

故應不爲細梗躓湍長津碩浪無宜以徵物也流
斯水之所以濤波者蓋史記所云魏文侯二十六
年虢山崩壅河所致耳獻帝東遷自夕潛渡墜坑
爭舟舟指可掬亦是處矣

又東過大陽縣南

交澗水出吴山東南流入河河水又東路澗水亦
出吴山東逕大陽城西西南流注水入于河

河水又東逕大陽縣故城南

竹書紀年曰晉獻公十有九年獻公會虞師伐虢
滅下陽虢公醜奔衛獻公命瑕父吕甥邑于虢都
地理志曰北虢也有天子庚王莽更名勤田應劭

地理風俗記城南大河之陽也
河水又東沙澗水注之
北出虞山東南逕傳巖歷傳說隱室前俗名之為
聖人窟孔安國傳傳說隱於虞虢之閒即此處也
傳巖東北十餘里即巔軨坂也春秋左傳所謂入
自巔軨者也有東西絕澗左右幽空窮深地塹中
則築以成道指南北之路謂之為軨橋也傳說傭隱
止息於此高宗求夢得之是矣橋之東北有虞原
上道東有虞城堯妻舜以嬪于虞者也周武王以
封太伯弟虞仲於此是為虞公太原地記所謂北
虞也城東有山世謂之五家冢冢上有虞公廟春

秋穀梁傳曰晋獻公将伐虢荀息曰君何不以屈產之乘垂棘之璧假道於虞公曰此晋國之寶也曰是取中府置外府也公從之及取虢滅虞乃牽馬操璧璧則猶故馬齒長矣即宫之奇所以謂虞虢其猶輔車相依脣亡則齒寒虢亡虞亦亡矣其城北對長坂二十許里謂之虞坂戴延之曰自上及下七山相重戰國策曰昔騏驥駕鹽車上於虞坂遷延負轅而不能進此蓋其困處也橋水東北山溪中有小水西南流涉澗亂流逕太陽城東河北郡治也澗水南流逕注于河河水又東右左合積石土柱二溪並北發太陽之山南流入于河是

山也亦通謂之為薄山矣故穆天子傳曰天子自臨巳丑南登于薄寘軨之際乃宿于虞是也

又東過砥柱間

砥柱山名也昔禹治洪水山陵當水者鑿之故破山以通河河水分流包山而過山見水中若柱然故曰砥柱也三穿既决水流踈分指狀表目亦謂之三門矣山在虢城東北太陽城東也搜神記稱齊景公渡于江沇之河黿銜左驂沒之衆皆惕右治子於是拔劍從之邪行五里逆行三里至于砥柱之下乃黿也左手持黿頭右手俠左驂鸞躍鵠踴而出仰天大呼水為逆流三百步觀者皆以為

河伯也亦或作江沅字者也若因地而為名則宜在蜀及長沙按春秋此二土並景公之所不至古治子亦無因而騁其勇矣劉向叙晏子春秋稱古治子曰吾嘗濟於河黿銜左驂以入砥柱之流當是時也從而殺之視之乃黿也不言江沅矣又考史遷記云景公十二年公見晉平公十八年復見晉昭公旌軒所指路直斯津從黿砥柱事或在兹又云觀者以為河伯賢於江沅之證河伯本非江河之神又河可知也

河之右則崤水注之

出河南盤崤山西北流水上有梁俗謂之鴨橋也

歷澗水東北流與石崤水合水出石崤山山有二陵南陵夏后皋之墓也北陵文王所避風雨矣言山徑委深峯阜交陰故可以避風雨也秦將襲鄭蹇叔致諫而公辭焉蹇叔哭子曰吾見其出不見其入晉人禦師必於崤矣余收爾骨焉孟明果覆秦師於此崤水又北左右合西水亂流注于河

河水又東千崤之水注焉

水南導于千崤之山其水北流纒路二道漢建安中曹公西討巴漢惡南路之嶮故更開北道自後行旅率多從之今山側附路有石銘云晉太康三年弘農太守梁抑脩復舊道太崤以東西崤以西

明非一峭也西有二石又南五六十步臨溪有恬
漠先生翼神碑蓋隱斯山也其水北流注于河河
水翼岸夾山巍峯峻舉羣山疊秀重嶺干霄鄭玄
案地説河水東流貫砥柱觸閼流今世所謂砥柱
者蓋乃閼流也砥柱當在西河未詳也余按鄭玄
所説非自西河當無山以礙之自砥柱以下五户
已上其間一百二十里河水竦石桀出勢連襄陸
蓋亦禹鑿以通河疑此閼流也其山雖闢尚梗湍
流激石雲洄澴波怒深合有一十九灘水流濬急
勢同三峽破害舟船自古所患漢鴻嘉四年楊焉
言從河上下患砥柱隘可鐫廣之上乃令焉鐫之

裁没水中不能復去而令水益湍怒害甚平日魏景初二年二月帝遣都督沙丘部監運諫議大夫寇慈帥五千人歲常修治平河岨晉泰始皇三年正月武帝遣監運太中大夫趙國都匠中郎将河東樂世帥衆五千餘人修治河灘事見五户祠銘雖世代加功水流漰渀濤波尚屯及其商舟是次鮮不踟躅難濟故有衆峽諸灘之言五户灘名也有神祠通謂之五户将軍亦不知所以況

又東過平陰縣北又東至鄧清水從西北來注之

清水出清廉山之西嶺世亦謂清營山其水東南流出峽峽左有城蓋古關防也清水歷其南東流

逕皐落城北服處曰赤翟之都也世謂之倚亳城
蓋讀聲近傳因失實也春秋左傳所謂晋僕使太
子中生伐東山皐落氏者也與倚亳川水合水出
北山礦谷東南流注于清清水又東逕清廉城南
又東南流又會南溪溪水出南山而東注清水又
東合櫜澗水水出左人嶺下南流俗謂之扶蘇水
又南歷軒苗北馬頭山赤曰白水原西南逕垣縣
故城北史記魏武侯二年城安邑至垣即是縣也
其水西南清水色白濁初會清流流注乃有玄素
之異也清水又東南逕陽壺城東即垣縣之壺城
東即垣縣之壺丘亭晋遷宋五大夫所居也清水

又東南流注于河

河水又東與教水合

出垣縣北教山南逕輔山高三十許里上有泉不測其深頂山周員五六里少草木山海經曰孟門東南有平山水出于其上潛于其下又是王屋之次疑即平山也其水南流歷鍾鼓上峽懸洪五丈飛注流竪夾岸深高壁立直上經崖秀舉百有餘丈峯次青松元巖頹石於中歷落有翠栢生焉丹青綺分望若圖繡矣水廣一十許步南流歷鼓鍾川分為二澗一澗西北出一百六十許里山岫迴岨纔通馬步今聞喜縣東北谷口猶有乾河里故

溝存焉今無復有水一水歷治官西世人謂之鼓鍾城城之左右猶有遺銅及銅錢也城西阜下有大泉西流注澗與教水合伏入石下南至下峽山海經曰鼓鍾之山帝臺之所以觴百神即是山也其水重源又發南至西馬頭山東截坡下又伏流南十餘里復出又謂之伏流水南入于河山海經曰教山教水出焉又南流注于河是水冬乾夏流實惟乾河也今世人猶謂之為乾澗矣

河水又與畛水合

水出新安縣青要山今謂之彊山山海經曰河長澗水北流入于河山海經曰青要之山畛水出焉

即是水也河水又東正過之水入焉水出醜山彊山東阜也東流俗謂之彊川水與石等瓜川合出西北石澗中東南流注于彊水彊水又東逕彊治鐵官東東北流注于河

河水又東合庸庸之水

水出河南垣縣宜蘇山俗謂之長泉水山海經曰水多黃貝伊洛門也其水北流分為二水一水北入河一水又東北流注于河

河水又東逕平陰縣北

地理風俗記曰河南平陰縣故晉陰地陰戎之所居又曰在平城之南故曰平陰也三老董公說高

祖處陸機所謂皤皤董叟謨我平陰者也魏文帝改曰河陰矣

河水石會淇水

水出垣縣王屋西山瀵溪夾山東南流逕故城東即瀵關也漢光武建武二年遣司空王梁北守瀵關天井關擊赤眉别校皆降之獻帝自陝北渡安邑東出瀵關即是關也瀵水西屈逕關城南歷軹關南逕苗亭西亭故周之苗邑也又東流注于河經書清水井也是乃瀵水耳

水經卷第四